坐禅入門

禅の出帆

佐藤 研

SATO Migaku

ぷねうま舎

装丁＝矢部竜二
Bowwow

ヴィクトールのために

まえがき　寂静への渇き

二〇一四年の夏、『大いなる沈黙へ』というドキュメンタリー映画が岩波ホールで上映された。P・グレーニンク（Gröning）という一九五九年生まれのドイツ人監督が製作したもので、フランスのグルノーブルの近くにあるグランド・シャルトルーズ（Grande Chartereuse）修道院の内部を撮ったものだ。監督は一九八四年にこの作品の製作を思い立ったが、撮影許可がおりて製作を開始したのがその十五年後の一九九九年という。監督は、彼が一人でくること、照明も背景音楽もナレーションも使わないこと、という修道院側からの条件を受諾し、自ら数カ月にわたって修道士と同じ生活をしながら手持ち映写機で撮影した。完成したのは二〇〇五年。するとその翌年以降、同映画は欧州を中心に重要なドキュメンタリー映画賞を次々と獲得していき、たちまち評判になった。すぐさまDVD版も製作された。たしかに、今の時代の何かを深く映し出している作品なのであろう。

この映画を、二〇一四年の夏、日本でも上映しようと思い立った人々がいた。しかし、興行的にはかなりのリスクがある。このように説明も音楽も、明確な「ドラマ」もなく、会話すらほとんどないに等しく、ただ静寂の中での修道院の生活を延々と二時間四十分にわたって提供する映画が、今の日本で、そもそも肯定的な反響を見ることができるであろうか。人々を最終日まで集めることができるであろうか。しかし、この映画の価値を確信していた主催者たちは、失敗を覚悟で興行に踏み切った。

すると、なんとも不思議なことが起こった。すでに試写会の時点で、大入り満員が続いたのである。いったい誰がそこまで「宣伝」したのか。期待と不安の中で、一般封切りの日がきた。すると案の定、無数の人々が殺到したのである。一日三回の上映であったが、午前と午後の時間は、時間通りにいっても絶対に入れない。館内に補助椅子を出して対応してもまったく間に合わない。館外では、次の上映開始時間のほぼ一時間以上前から列に並んで、なんとか席が確保できる程度であった。夕方の上映のみが、ほぼ定刻にいっても見られる場合が出てきた。この異常事態は最終日まで続いた。上映館にとっては前代未聞のことであった。いったいこの映画の何が、このような社会現象になるほどまでに、人々を惹きつけたのか。

たしかに、外からはこれまで覗くことのできなかった修道院の内部への好奇心もあろう。映像の独特の美しさもあろう。だが、筆者が思うに、人々をして口コミで「いい映画だ」と言わせたのは、あの作品が体現している不可思議な時間、いわば魂の深部世界へ遡源していく寂静《じゃくじょう》の時間の魅力ではないだろうか。それがとりわけ今の多くの日本人にインパクトを持つのも、不可解ではないように思えるのである。

とりわけあの3・11の後、日本人の生活感覚は大きな変貌をきたしたことは間違いない。不気味なことだが、誰もが3・11で終わりではないことを知っている。首都直下地震が不可避として近い将来に予測され、また東海・南海・東南海地震のそう遠くない将来における到来、さらにはそれらの同時多発的襲来も懸念されている。福島原発事故は終結にはほど遠く、いつまた巨大な汚染につらなるかわからない。そして、この異常気象の不気味さ。それ以外の、政治世界や日常生活の底なしの狂乱さと不条理さは、述べる必要すらないであろう。つまり、「いつ、何が起こっても」もはや誰も驚かないほど、どこか終末論的な空恐ろしさが漂い始めている。そうであればあるほど、何がわれわれにとって最も切実な重要性を持つものなのか――そうした基本的価値感覚への回帰的模索が開始されていると思われる。

そうした中で、この映画が表現している内的な「静けさ」と、それが初めて可能にするものの深さや美の世界は、実は日本人がどこか遠くで知っていた世界である。と同時にそれが現代の日本においては、見事に喪失してしまっている。この欠如態のもたらす空虚感に、人々はようやく、いらだちとも痛みとも言えるような感覚とともに、気づき始めたのではないだろうか。人間が自己の心的・霊的バランスをとるには、どうしても一定の沈黙と静寂の要素が不可欠なのである。至るところ都市化した現代日本なら、このことはいっそう真実である。加えて、一種の終末論が背後で脅かす時代になれば、本当の「静けさ」への希求はことのほか強まるだろう。映画『大いなる沈黙へ』は、そうした人心の隠れた渇きに思いもかけない仕方で対応したのではないか。

そこで筆者が願っていることがある。教会建築物や仏教寺院を管理監督する方々へのお願いである。管轄下の教会や寺院を、そのような深甚な静寂を体験する場として新たに組織化し、一般に提供してもらえないだろうか。とりわけ禅宗の方々には積極的に接心等の一歩踏み込んだ真剣な坐禅の機会を作っていただきたい。ヨーロッパの多くの修道院や施設が、英語で retreat と呼ばれる複数日数の沈黙の内的リハビリを提供し始めてから、実はもう三、四十年は経っている。映画『大いなる沈黙へ』をおおらかに受容し評価する素地は、ヨーロッパではすでにできていたのである。日本では、そうした場と時間がほとんどないに等しいことが、逆にこの映画の異常な人気に寄与したとも言える。これは、観光的な意味で寺院を味わうことができるように開放するということではない。人がそこに短期間滞在し、静寂と沈黙のうちに自己と内的に向かい合える空間と時間とを組織的に提供することである。もし寺院仏教の担い手の方々が、「衆生済度」の誓願の幾分かを現実に移そうとするなら、そうした現代人の心のニーズに即応した施設とプログラムの提供が可能にならないものか――筆者は実はかなり前から切望している。

坐禅入門　禅の出帆◈目　次

テキストの読み方
――本質といかに出会うか――107

禅キリスト教の地平へ――169

禅、海を渡る——197

坐禅入門

はじめに

これから、「坐禅」とは何か、「禅」とは何かを、できるだけ言葉を使ってご説明し、皆さんが坐禅を志すときの概略的な指針にしていただきたいと思います。

このようなことを言うと、禅の本質が「言葉」で説明できるわけがない、という反論がすでに聞こえてきそうです。それはその通りなのです。しかし現代人にとって、何も視野に入らないのに事を始めるというのは、大変苦痛なことです。ですから、大まかな図を描き、一応の概略を説明することは、安心して坐禅を始めてもらうためにはそれなりの意味があると思うのです。

1 「三宝禅」

以下の説明は、大筋では、私が属している禅団体の宗教法人「三宝禅《さんぼうぜん》」(1)が、初心者に向けて行う導入教育(「総参《そうさん》の話」と言っています)の内容に沿うものです。しかし、細部の表現は百パーセントその再現というわけでもないので、結局文責は私個人にあります。「三宝禅」と言っても、あまりご存じない方が大部分でしょうから、少し説明しておきます。

「三宝禅」は、元来曹洞宗の僧侶であった白雲軒安谷《はくうんけんやすたに》老師によって、第二次世界大戦後の一九五四年、独立した宗教法人「三宝教団」として認証され、公の坐禅活動を開始しました。このグループは、安谷老師が曹洞宗の出であることから、読経や作法などは基本的に曹洞宗的ですが、同時に臨済宗的な公案禅(看話禅《かんなぜん》)を重要な修行の要素として統合しています。これは、安谷老師の師匠であった、曹洞宗・発心寺(小浜)の大雲軒《だいうんけん》原田祖岳《そがく》老師によって始められた方向で、それが安谷老師に至って独立した団体の原則となった、ということです（こうした、坐禅の全体をまず言葉で初心者に説明するのも、原田老師が始めたことです）。考案を使った「看話禅」であるということは、証悟《しょうご》とか悟りとか見性《けんしょう》とか言われる、自己の本質の体験的確認を大変重要視するということです（この点にはのちほど戻ります）。つまり、結果的には、「三宝禅」は曹洞宗と臨済宗のそれぞれの長所を取り入れ、独自の禅運動として展開されている、と言えると思います。

その独自性の一つを言えば、この団体は基本的に「在家」の集団です。僧籍のメンバーは数えるほどしかいませんし、それも「三宝禅」のお坊さんではありません。在家の集団だということは、このグループのメンバーは基本的にこの一般社会において、広い意味での職場を持って働いている者たちだということ、三宝禅で禅を修することは、己の問題意識からそうするのであって、職業選択とは何の有機的関連もないということです。つまり、ここで坐禅をやっても、僧侶の資格が取れるわけではないのです。この事情もあって、三宝禅は日本ではほとんど無名の団体ですし、専門の僧侶層からは「アマチュア」扱いされる場合も多くあります。しかしヨーロッパや北米では、おおざっぱに見積もって、現在禅を行っている人々のほぼ半数が、三宝禅の人々か、三宝禅から枝分かれした人々、あるいは三宝禅の初期管長たちの指導を受けた人々（およびその弟子筋の人たち）です。ここにはやはり、無視できない現代の状況があると思います。

もう一つ大事な点は、この集団はたしかに外見は「仏教」的ですが、事実上は「宗教フリー」の立場を打ち出していることです。つまり、坐禅とは根本的に人間論的営為なのであって、参禅者のいわゆる「宗教」が何であるかを問わないのです。「仏教徒」でなければ坐禅は本格的にはできない、とは言いません。むしろ、参禅者がどんな宗教であろうとなかろうと、坐禅をすることによって、己の霊的基盤をいっそう深いものにすることができ、それによって、宗教を持っている場合は、その宗教をいっそう深みのあるものにできると確信しています。ただ強調するのは、坐禅を通して自己の本来の姿に体験的に気づくこと、そしてその姿を現実生活において体現するように努めること、ここにあります。

以下の話は、大筋がこの「三宝禅」の線に沿った坐禅理解であることを、予め申し上げておきましょう。実際、坐禅の話とは、それを最初に聞くときに、その語り手が曹洞宗の人物か、臨済宗の人物かで、主旨や道筋は大きく違うものです。曹洞宗と臨済宗双方のいわば「いいとこ取り」を行って、禅を現代にとって十分可能な、また有意義な修行法として提示しようとしているのが第三のグループ、在家の「三宝禅」である、とご理解ください。

2 禅とは何か

禅とは何か、というふうに問いを設定すれば、それだけで大問題のように響きます。そこでまず、言葉の説明から入りたいと思います。

「禅」

この言葉は、一番説得的な説明によれば、「禅那《ぜんな》」という言葉の省略形です。そして、「禅那」とは、「ディアーナ」(dhyâna) というサンスクリット語か、「ジャーナ」(jhâna) というパーリ語（古代インドの代表的俗語）の漢字への音訳です。「ディアーナ」ないしは「ジャーナ」とは、伝統的には「静慮」とか翻訳されていますが、現代風に言えば「瞑想」という意味です。一般には、「瞑想して身心を統一すること[2]」などと説明されています。この「瞑想」の意義・目標と言えば、いろいろニュアンスの差はあるようですが、やはり真の存在、とりわけ本当の自分を知るための「智慧」に至る道であり、同時にその本当の自分の直截的な実現の道と言って間違いではないでしょう。歴史的な発生は明らかに仏教誕生以前のことですが、仏教にも受容されて発展し、中国に渡って名前も「禅那」と音訳された、ということです。

　ということは、禅とは、それ自体で体系化された「宗教」なのではなく、より広範な、いわば人間学的営みであるということ、しかし同時に禅は、人間の霊的・宗教的深層を根源的に活性化する力を持つということです。そして、とりわけ仏教という宗教体制（とくに禅宗）によって、修行法として積極的に受容・発展させられてきたということです。このことは、逆を言えば、禅とは、いわゆる仏教以外の宗教（キリスト教やイスラム教など）とも結合しようとすれば結合しうるということです。もっとも、その際、禅の体験からして、これまでの宗教的基盤や枠構成はラディカルに変貌させられるでしょうが――このことはまた他の機会に触れることにします。

「坐禅」

坐禅とは、坐して行う禅、という意味です。これが勧められる最大の理由は、禅を行うに当たって最も効果的だからです。しかし同時に、坐禅の「坐」があるということは、「歩行禅」も「立禅」もあるということです。場合によっては、「臥禅」ということも可能です。ただし、今は「坐禅」を中心に話を進めていきます。

3　坐禅の仕方

三昧

さきほど、禅すなわち「ディアーナ」の説明で、その最後の目標が真の自分を知り、それを実現することにある、と言いました。それを根源的な動機としつつも、坐禅のいわば技術的な目標は、「三昧《ざんまい》」に入ることです。三昧という語は、現代日本語でもよく「ジャズ三昧」とか「ラーメン三昧」とかいう表現になって使われています。ジャズ三昧と言う時は、おそらくジャズだけを集中的に浴びるように聴くという意味でしょうし、ラーメン三昧と言えば、朝から晩までラーメンだけを食べ続けるという意味でしょう。要するにそれだけに成り切るという意味ですが、この言葉は実は禅に由来する言葉です。元来サンスクリットの「サマーディ」(samadhi)の音訳で、意訳すれば「定《じょう》」なども言います。要は、深い内的な沈潜で、意識がまったく単一化してしまう状態のことです。「ディアーナ」とは、この三昧状態に入ることを意味しているのです。そして、なぜこの状態に入るべきなのかというと、この体験(およびその繰り返し)が、真実の自己の姿に気づく上で最善の備えだからです。また、その自己に気づいた観点からすれば、この状態に入る坐自体が、その自己の根源的具現そのものだからです。

以下、坐禅の説明をしますが、それは以上のような前理解が前提になっていることだとご理解ください。

調身

伝統的に、坐禅には三つの要素があると言われています。「調身《ちょうしん》、調息《ちょうそく》、調心《ちょうしん》」の三つです(この三要素は、気功法などでも基本的であり、坐禅の専売特許ではありませんが)。

最初の「調身」とは、身体を整えること、つまり坐り方です。

準備するもの

この説明の前に言っておきたいのですが、坐禅をする時には、必ず坐蒲団の上に坐ります。趺坐《ふざ》をしても両膝が乗るくらいの、やや大きめの坐蒲団が好ましいと言えます（そうしたやや大きめの坐蒲団がなければ、普通の毛布を四つ折りにすると、ほぼ適正な大きさと柔らかさになります）。直接畳の上に坐ることは、膝が滑って安定も悪いし、また堅くて膝を痛めがちになるので、勧められません。それから、お尻の下に、普通は（曹洞宗なら必ず）「坐蒲《ざふ》」と言われる、丸いクッションを使います（坐蒲はさまざまなところで販売されています。ネットでも可。大体四千円ぐらいします）。普通の禅堂なら、坐蒲団や坐蒲はしつらえてあるはずです。ただ、坐蒲は自分の責任で、自分に合った高さに調節してください。場合によっては、あてがわれた坐蒲をつべこべいわずにそのまま使うのだ、という主張もあるようですが、それは大体低い坐蒲でもきちんと坐れる、いい背骨の構造をしている人が言うことです。背骨の状態は人によって違い、それにしたがって（また坐禅の熟練度にしたがって）、坐蒲の高さは変わっていきます。高いのが必要な人は、それなりに他のクッションなどで補充しながら、事前に自分に最適の高さを準備する必要があります。

型

「坐」の型としては、「趺坐《ふざ》」「和坐」「正座椅子坐」「椅子坐」の四つに分かれるでしょう。

1　「趺坐」には、主として「結跏趺坐《けっかふざ》」と「半跏趺坐《はんかふざ》」があります（趺坐の「趺」は足の甲ないしは踵《かかと》の意。それをもう一方の脚の腿上に乗せる坐が「趺坐」）。

結跏趺坐（結跏の「跏」は、〔脚や足を〕組むこと）　これは、坐禅の基本イメージになっている坐り方でしょう。標準形としては、右の足を左の腿の上に乗せ、その右の腿に左の足を乗せるものです。どのくらい深く乗せるかと言えば、両足の先が、互いに乗せた腿の外輪線に触れる程度で十二分です。両膝は坐蒲団の上に乗ります。両膝と臀部の両坐骨とで、いわば三角形――より正確に言えば一種の台形――を形成するので、最も泰然として、安定性の高い坐型です。ただし、慣れていないと、始めはかなりの脚の痛みを伴うでしょう。

今、「標準形」として示した足の組み方の順序は、伝統的に「降魔坐《ごうまざ》」と言われ、坐禅

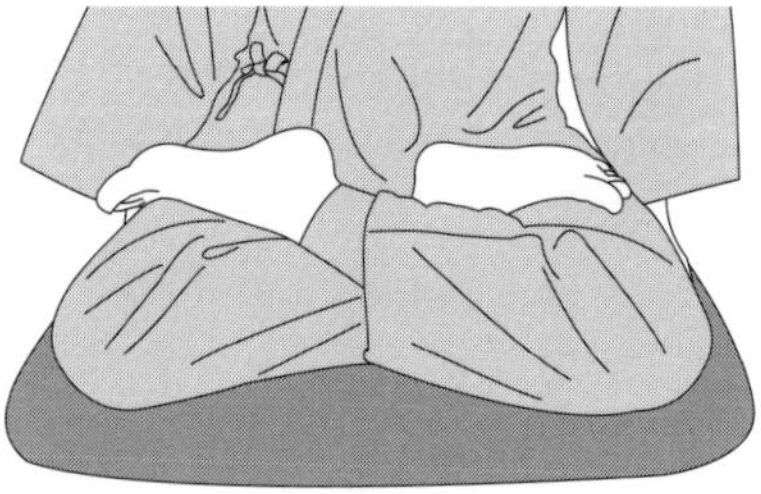
結跏趺坐

修行者にとっての基準の坐形です。なぜ右の脚および腿を左でいわば圧迫するのかと言えば、普通は右は左よりも活動的なので、より活動的な側を鎮めるのだと言われますが、本当は、このようにして右脚をいわば抑えることによって、左脳の活動を鎮め、左の脚を上にすることで、右脳を解放しているのだと私は思います。左脳とは、周知のように、私たちの分別知・論理性・分析力などを司る部分ですが、これらは坐禅ではむしろ放擲《ほうてき》すべきものとされています。それに対して右脳は、直感力・一体性・統合力を司り、坐禅で活性化される資質と一致します。

逆に、左の脚を右の腿の上に置き、右の足を左の腿の上に据える坐型を「吉祥坐《きっしょうざ》」と言います。仏像は圧倒的にこの順序になっています。これは、仏はいまや自己の救済は終え、他の衆生の救済に向かうので、そのために左脳の活発な知力や分別力を必要としている、ということなのでしょう。しかし、実際的には、この降魔坐・吉祥坐の二つの坐形を交代してもかまいません。

半跏趺坐　これの標準形は、右の足を左の腿の下に入れ、左の脚は右の腿の上に上げるものです。結跏趺坐のいわば半分、ということで、「半跏」と呼ばれています。これなら、結跏趺坐が困難な人でも、多くが実践可能でしょう。ただ、試みてみればわかりますが、結跏趺坐と比べて、泰然性がやや落ちるものです。この半跏趺坐も、先の結跏趺坐と同じく、足の順序を変えてもかまいません。というより、むしろ定期的に変えるべきだとすら言われます。なぜかと言うと、特に半跏趺坐は、左右の圧力がバランス性にやや欠けるところがあって、長期間にわたり常に同じ組み方をしていると、腰や脊椎に一種の異形を生みかねないからです。

半跏趺坐

四半跏趺坐とビルマ式趺坐　前者の「四半跏趺坐」というのは、伝統的に認められている坐型とは思いませんが、西洋人も含め、多くの人が実際にはやっているので挙げておきます。要するに、半跏趺坐の足が、他方の脚の腿に乗り切ら

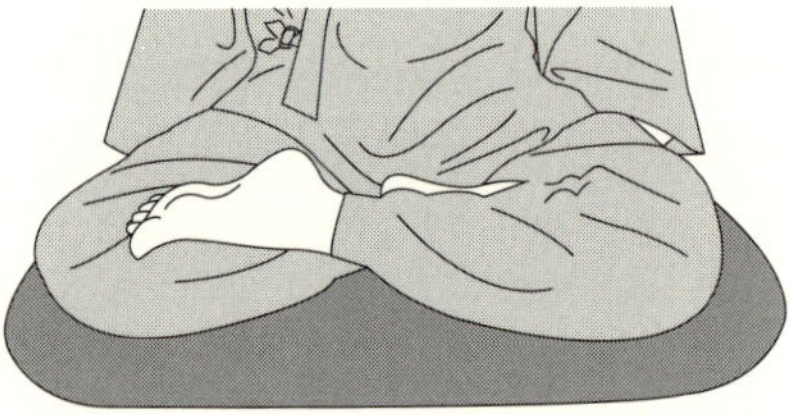

四半跏趺坐

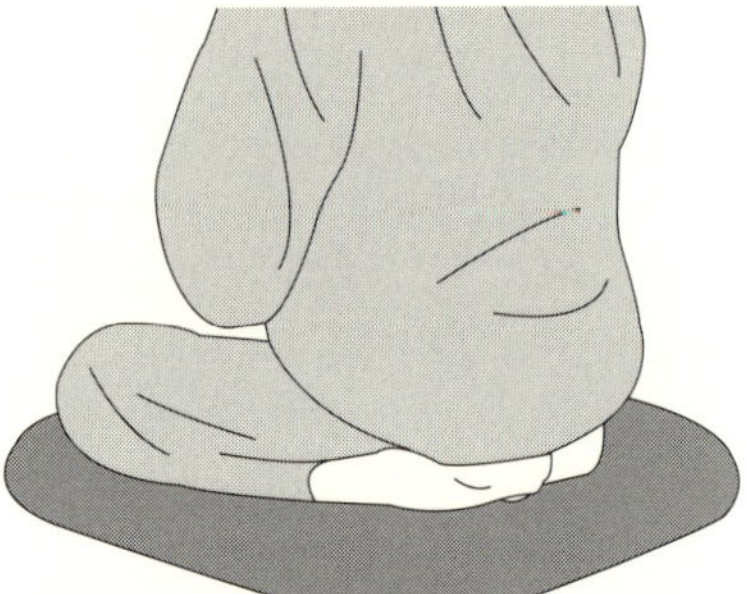

和坐を後ろから見た図

ずに、ふくら脛《はぎ》まで降りてきてしまったものです。安定性にはかなり欠けるものがあるでしょう。

「ビルマ式趺坐」というのは、そもそも一方の足を他の脚の腿や脛に乗せることもせず、ただ、前方に放擲しておくものです。脚が痛くてたまらないときなどは、有効かもしれません。

2 「和坐」とは日本坐とも言い、いわゆる正坐ないし静坐です。ただし、両膝はこぶし一つくらい開き、両足の裏は互いに重ねた方が集中力が増します。ただ、この型ですと、どうしても血行を圧迫しますので、時とともにしびれがくることが難点です。そのため、臀部と足の間にクッションをしのばせるか、あるいはいっそのこと、坐蒲の上に馬乗りになる（図参照）、などのヴァリエーションが実際にはあります。

3「正座椅子坐」は日本の禅ではあまり見ない型ですし、伝統的な日本の禅堂にはおそらく許されるものではないでしょう。しかし、西洋では坐禅をしている人たちの三割ぐらいはこの坐り方ではないかと思います。日本では、謡《うたい》や茶道などをたしなむ人の多くが類似の正座椅子を使っています。臀部の下に体を支える横板があり、その板の下に空間があって、そこに足を通すことで、足への直接の圧迫をなくすものです（最近はネット販売

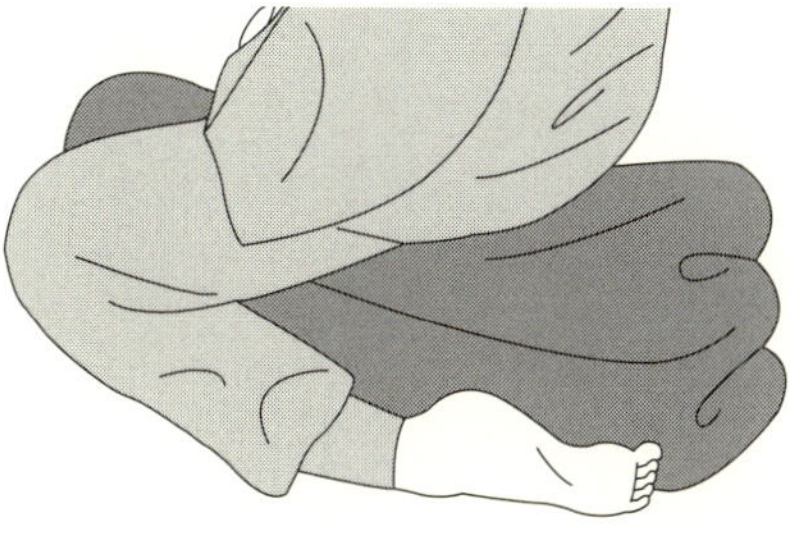

和坐のヴァリエーション

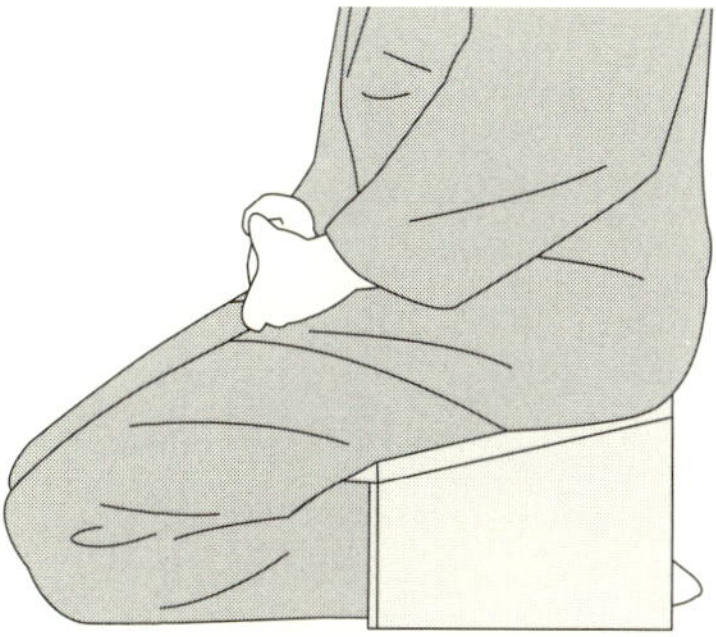

正座椅子坐

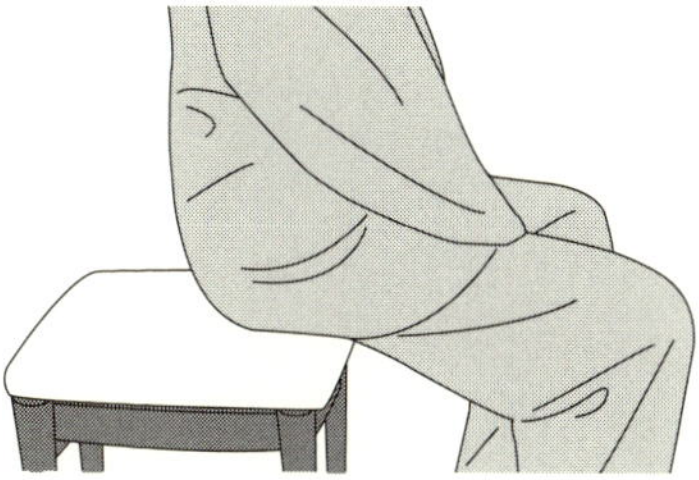

椅子坐

もなされています）。正面から見たら、和坐のように見えるかもしれません。たしかに安定性は結跏趺坐や半跏趺坐と比べるべくもありませんが、これで激痛から解放されて坐に没入できるのであれば、それに越したことはありません。

４「椅子坐」は、高齢や障碍や疾患その他の事情のため、正座椅子にすら坐れない場合の坐法です。椅子は坐面に傾斜や過度の安楽要素がないものがいいでしょう。この場合も、両膝はこぶし一つほど離し、また椅子の前半分に坐って、足の裏が全面的に床面につくように調節します。

坐り方

１　基本　さて、実際の坐り方ですが、実は以上のどのような坐型にも妥当する、坐り方の基本があります。それは、上半身を垂直にするという原則です。逆に言うと、垂直にした上半身を一定時間無理なく安定して保持できる坐型の代表が、結跏趺坐だったのです。しかし、坐型によって安定性が変化しようとも、大原則は上半身を垂直にすることです。

今、「上半身」を垂直にする、と言いましたが、これは「脊椎」と言ってもいいし、「体幹」と言ってもいいでしょう。しかし、頭も含めて垂直にするので、「上半身」と言った方がわかりやすいと思っています。

なぜ上半身を垂直に立てるかと言えば、そうすることで、さきほど言った「三昧」に最もすみやかに入り得るからです。そしてその姿を一定時間無理なく保持できれば、三昧に入り得る可能性が飛躍的に増すのです。こうしてみれば、坐禅では――普通はそのように説明することはまずありませんが――実のところ、すべてが目的論的に連動していることが予感できると思います。

2　坐蒲上に直立　　そこで坐り方ですが、坐蒲に坐る場合を想定して言いましょう。禅堂ならば、直堂《じきどう》（堂内の当直者。臨済系では「直日《じきじつ》」）が柝《たく》を一打して、坐禅の準備を促します（自室で一人で坐る時も、そうした儀式を行ってもかまいません）。

まず坐蒲の頂上ではなく、その前半分に坐ります。そして上半身を前に倒し、背中を伸ばし、そのまま上半身をゆっくりと起こし、直立させます。こうすることによって、仙骨

直立

の上部がやや前に傾き、そこに脊椎が垂直に乗る感覚になります。両肩からは完全に力が抜けます。これが基本です。その際、両臀部中の坐骨が坐蒲に固定されているのを感じるでしょう。頭も、前述のように、直立させます。これによって、両坐骨の中間点（すなわち会《え》陰部《いんぶ》）と脊椎と頭の天辺（いわゆる百会《ひゃくえ》）とが、いわば垂直な光線のようなもので貫かれる感じがするでしょう。頭の天辺が上に吊り上げられる感じとも言いますし、また、頭の頂きから十円玉を落としたら、脊椎をくだり、両坐骨の中間点を貫いて、大地の中央に降りていく感じと言ってもいいでしょう。この、上半身の垂直感は決定的に重要なので、強調しておきます。臨済宗の『坐禅儀』では、「状浮《かたちふ》屠《と》の如くならしめよ(3)」とあります。「浮屠」とは、五重塔のような塔のことで、垂直の「がらんどう」な建物を思わせます。上半身をそのように立てよ、ということで、言い得て妙だと思います。あるいは、「青竹」のように立てなさい、とも聞きます。一昔前ならば、銭湯の煙突のように立てる、とも言えたかもしれません。

よく坐禅の教本には、その際、耳と肩を結ぶ線が垂直になり、鼻の先と臍とが垂直になる、と説明されます。しかしこれは、誰かに外から見てもらうしかなく、自分ではチェックできません。自分でチェックできるのは、さきほど言った、内的な垂直感です。結局、この感覚を内部で磨いていくしかありません（もちろん、時々誰かに外から自分の姿勢を見てもらって助言を受けることは有益です）。

ただ、ここで一つ付言します。このように身体的に垂直に坐ることができなければ、坐禅はまったくできないのか、ということです。答えから言えば、そのようなことは必ずしもありません。事実私は、病その他の理由で、かなり問題のある坐り方しかできないにもかかわらず、深い証悟体験を得た人を、二、三人知っています。しかし、上記の垂直坐ができるに越したことはないのです。垂直に坐ることを学ばず、無駄なところで頑張って、精神主義的に突破しようとしても、それはきわめて困難な試みであることを知る必要があります。上記の垂直坐ができるようになると、そもそも楽に坐れます。また、坐っている時の爽快感が増し、坐るのが楽しくなります。そしてこの垂直性が、坐禅に独特の凜とした質を与えるのです。ですから、自分の身体に可能な限り、垂直に坐るべきだという原則は動かないのです。

3　法界定印《ほうかいじょういん》　次に、意識的に両腕の力を抜いて下に垂らし、両手で「法界定印」を組みます。右手の甲を下にして片足の上に乗せ、その上に左手の甲を乗せます。この時、重ねた両手を体から離すのではなく、手の両小指の側面が下腹に軽く触れるようにします。さらには、両親指が互いに支え合い、緩やかな山を作るようにします。道元禅師の言葉で言えば、「ふたつのおほゆびさきあひささふ」[4]ということです。臨済宗の『坐禅儀』にも、「両手の大拇指《ぼし》の面《おもて》をもつて相拄《あいささ》え」る、とあります。この際の両手のかたちは、栗の実を逆さにしたかたちとか、ハートのかたちを逆さにしたイメージとか言われます。そして両親指の先の部分を上に向けるようにします。つまり、親指を前に倒さないということです（倒しただけで緊張感が激減するさまは、自分で実験して確認できるでしょう）。道元禅師に言わせれば、「ふたつのおほゆびのさしあはせたるさきを、ほぞに対しておくべし」――つまり、お臍に向かうほどに両親指を直立させておくべし、ということです。こうすることで、先に言ったあの体幹の垂直感がいっそう鮮明になり、保持されます。

この手の置き方でも、さきほどの足の組み方と同じく、右手を下にしてその上に左手を置く順序が標準とされています。理由は同じで、これによって、左の脳をできるだけ非活動的にし、逆に右の脳を解放しているのだと思います。

なお、よく模範写真や仏像などでは、この両の親指が互いに触れるだけでなく、全体がフラットになっているケースがありますが、これは見た目には美しいものの、実際に坐禅してみて三昧に入りかける段になると、合わせていたはずの親指同士が離れてしまいかねません。そうすると、感覚全体がボーッとしてきます。したがって法界定印は、やはり両の親指が相互に支え合い、互いになだらかな山を作る、という方がより実際的だと思います。

ただ、この法界定印は、人が結跏趺坐か半跏趺坐で坐ることを前提にしているようです。特に正座椅子に坐った場合は、両腿がかなり急勾配になり、両の手を安置させるものもなく、

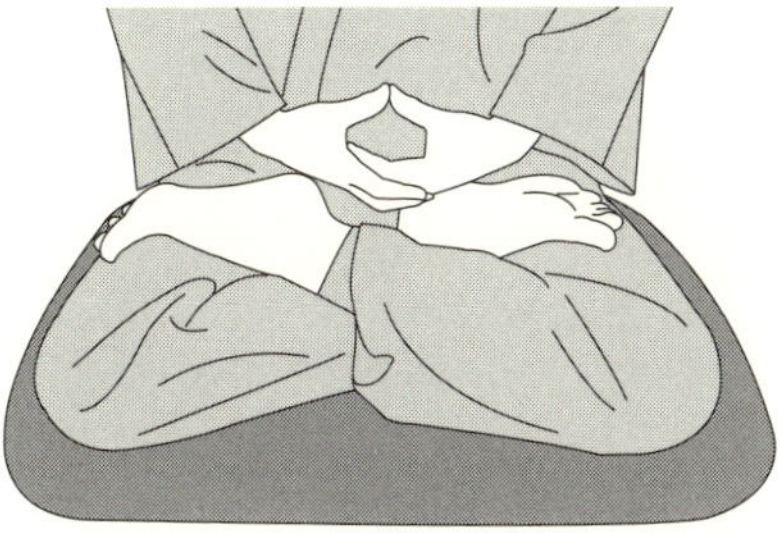
法界定印

法界定印は組みにくくなります。場合によっては、結跏趺坐や半跏趺坐でも、法界定印の安定が悪くなり得ます。その際は、法界定印を組んだ手の直下に薄いクッションを置くなどの策を講じてかまいません（伝統的な日本の禅堂では許されないかも知れませんが）。あるいは、この法界定印を放棄し、右手の四指を左手で被う形（親指同士はクロスする）でもかまいません。これなら正座椅子坐でも実行しやすいでしょう。実際、臨済系の方たちの多くは、この手の組み方をも是《ぜ》としているようです。

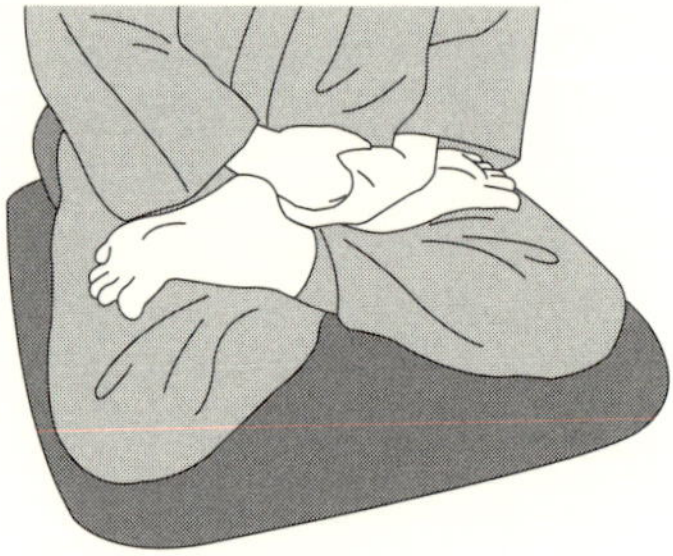

右手の四指を左手で被う

（ただ、法界定印とは感覚が異なります。この組み方ですと、上半身の垂直感がいっそう鮮明になるということはあまりなく、むしろ周囲の「気」が丹田《たんでん》に凝集してくるような感覚になるでしょう。）

4　口と目　口のことを言えば、上歯と下歯は軽く触れ、舌は上の歯茎に置き、唇は閉じます。また、目はまず（想像上の）水平線を見、その後視線だけを約一・五メートル程度の床に降ろします（これを「半眼」と言っていますが、いわゆる目を意識して細めることではありません）。目は閉じません。

よく、なぜ目を閉じてはいけないのか。目を閉じた方が内部によりよく集中できる気がする、と言われます。坐禅を始めたばかりの時は、もっともな感じ方です。これには普通、目をつむると眠ってしまいがちになるからだ、と言われます。臨済宗の「坐禅儀」にも、「目は須《すべか》らく微《すこ》しく開いて昏睡を致すことを免るべし」とあります。しかし、おそらくそれ以上の理由があるのです。

禅では、最終的に自分の内側の世界と外側の世界との区別をしません。目を閉じると、いわゆる内側の世界にのみ集中を限定し、元来禅が見せようとする本当の「一つの世界」から結果的にそれてしまう危険性があるのです。目を開けて坐り、三昧に入ることによって、実は「内側」も「外側」もない一つの世界に、深く没入していくのです。

5　欠気《かんき》一息《いっそく》

次には、深呼吸をします。まず深く吸って、一瞬かるく止め、その後、

左右揺振

地中にすべてを降ろすかのように大きく、ゆっくりと吐きます。これを二、三度繰り返します。この後は、自分の全感覚がまったく異なって、ついさきほどとは別の空間と時間の中にいるように感じられるはずです。

6　左右揺振《さゆうようしん》　その後、左右に体を揺らします。そして除々に揺らしを小さくし、内部感覚で脊椎の垂直性を確認しつつ静止します。これが止静《しじょう》（坐禅している時間）の始めになります。

三宝禅の禅堂では、直堂が鐘や引磬《いんきん》を「カーン、カーン、カーン」と三声鳴らして、共同の止静が始まります。各人は、この音声が鳴る前に、すでに坐禅を始めていることになっています。

止静になったら、原則として体は動かしません（上半身が垂直でないのに自ら気づいて直すのは可）。頬などがかゆくなっても、十秒ぐらいがまんしているとかゆくなくなります。ただ、どうしても脚が痛くてがまんができない場合は、合掌したのち脚を組みかえることが（三宝禅では）黙認されています。組みかえたらまた合掌して坐を続けます。

なお、左右揺振は、坐禅を終えるときも重要です。坐禅が終わってすぐ立ち上がると、それまでの不動の姿勢を急激に変えることになり、時とともに腰や背中をいためかねません。そこでまず小さく左右に揺振し、やがて大きく揺振してからゆっくりとおもむろに起き上がります。

調息

次に呼吸の仕方です。

これに関しては、まず「欠気一息」のことは先に述べました。その後、実際に坐禅が始まったら、呼吸は自然に任せます。鼻からの自然な呼吸が大原則で、それを自分の意識であ あこうとコントロールしない。これが大事です。

少なからぬ禅の師匠が、下腹（「気海丹田《きかいたんでん》」）に力を入れよ、と指導していますが、これは気力の訓練にはなるものの、坐禅の本来からすれば正しくはありません。下腹に力を入れれば、力を入れる自分と、入れられる力とが二つになり、真の三昧《ざんまい》（意識が統一態になる次元）にはそもそも原理的に入れないのです。また、吐く息を吸う息の二倍の長さにする等々の指導をする人もいますが、これも不要な計らいです。たしかに、吐く息は吸う息よりも自然と長くなっていくものの、自らそう努める必要はありません。つまり、「調息」とは、実は「息」を自らは調整しない、息そのものに任せるという意味の「調息」なのです。

もちろん、座禅をしていると、自らは特別にそうは努力しないのに、自然と力が下腹部分つまり丹田《たんでん》に集まってくる、というのは構いません。事実、自然な呼吸に任せて深く坐っていると、大部分の場合やがてそのようになっていき、ドシーッとした感じが出てきます。ただ、これを自分の計らいで作り出そうとするには及ばない、ということなのです。

呼吸は自然のままでも、端坐して法界定印を組んでいると、いつの間にかゆったりとした横隔膜呼吸に移行していきます。横隔膜呼吸になって初めて、自然と深々とした呼吸が持続します。この移行期で、息が苦しくなったり、気持ちが悪くなった場合は、法界定印を解き、両手を膝の上に乗せ、目を普通に開くと、苦しさはおさまるものです。正常な気分に戻ったら、また法界定印を組みます。これを繰り返しているうちに体が慣れてきて、横隔膜呼吸への移行が自然になされます。始めは少しの辛抱が必要です。

調心

「調身」「調息」と並んで、第三の要素は「調心」です。心をどう整えるか、ということで、ある意味ではこれが最も重要で、最も困難です。

「整える」ということは、心を或る凝集態にすること、と言ってもいいでしょう。もっと具体的に言うと、自分の中にあって、かたちと意味のないものに凝集するのです。これはしかし容易ではありません。そこで、それを可能にする方法がいくつかあるのです。

数息観《すうそくかん》

「数息」とは、自分の呼吸を数えること。「観」とは、この際、「坐禅」と同義と見ていいでしょう。これにもいくつかやり方があります。例えば、「ひとーつ」と吐いて、「ふたーつ」と吸う（出入息観）。あるいは、吐く時だけ「ひとーつ」と吐く。吸う時は、自分が吸っていると意識できていればよい（出息観）。この二つのうちどちらがいいかは、自分でやってみて決めるか、あるいは指導者がいれば相談して決めればいいでしょう。どちらも、「とおー」までいったら、また「ひとーつ」に戻ります。大事なことは、「ひとーつ」と息を吐く時、息の最後まで力《りき》んで延ばさないこと。そうすると、不自然に物理的な力が入ってしまいます。自然な長さの「ひとーつ」でけっこうです。主眼は、この自然な「ひとーつ」「ふたーつ」と自分が一つになること。「ひとーつ」「ふたーつ」の中に自分が消えていくのがいいのです。

しかし、実際はこれがなかなかむずかしい。途中で想念が入って、いつの間にか数を数えるのがおろそかになる。あるいは「十一」以上に数え続け、気がついたら「二十」になっていた、というようなことが起こります。どちらの場合も、そのことに気がついたら

「ひとーつ」に戻ってまた始めれば、それでけっこうです。自分はどうしてこう駄目なんだ、などとくさる必要はまったくありません。

この数息観は、初心者用の修行のように見えますが、実は長年坐禅をしている人でもやります。初心者にも熟練者にも向いている坐禅の仕方なのです。

さきほど、「意味とかたちのないもの」と言いましたが、数字は実は意味がゼロではない。「三」は「一」の三倍ですから、全然意味がないとは言えない。しかし、その意味性は、まったくの抽象的レベルにとどまっています。したがって、それ自体の「意味」はないに等しいということで、広く推奨されています。

随息観《ずいそくかん》

次は、自分の呼吸を意識して追っていく方法です。吐く息、吸う息、吐く息、吸う息。ただそれだけ。そしてその息と一つになる。その息の中に消えていく。この方法は、数息観よりも「無意味性」が高く、それだけ困難ですが、同時にそれだけ純粋な坐禅になります（最近全世界に広まっている「マインドフルネス」（mindfulness／〔ドイツ〕

Achtsamkeit）という瞑想法の多くは、この随息観に近似したものです）。

マントラ

この方法は、日本では伝統的にはあまりやらないかもしれませんが、欧米ではよく実践されています。それは、呼吸に合わせて「ウー」とか「ムー」とかいう単一シラブルを心の中で言うのです。この点、数息観に似ていて、同じように出息観、あるいは出入息観でやります。しかし数息観に比べて意味性がほとんどゼロですので、効果的でもあります。

また、例外的に、単一シラブルでなく、「カミ」とか「イエス」とかいう、とりわけキリスト教の単語を借りる時もあります。これは特にキリスト教の枠からなかなか自由になれない人には効果的と言えます。実際、ヨーロッパなどで「観想」（contemplation/〔ドイツ〕Kontemplation）と呼ばれている、キリスト教的瞑想ではよくやられている方法です。「カミ」とか「イエス」とかは、当然ながら元来は意味があるのですが、それをマントラとして繰り返していると、意味がまったく剝奪され、単に「カーミー」「イーエースー」という音になってしまうのです。つまり、結果的には数息観と類似の道になるのです。

公案

次に挙げるのが公案ですが、これは原則として有資格の坐禅教師、つまり自分の師匠と行うものです。一人でやるものではありません。また、公案をするということは、自分が証悟体験つまり見性を得たいという深い希望を持っていることが前提になります（近年は、坐禅をする人のそうした志《こころざし》とは無関係に「無字」などの公案を与える指導者もいるようですが、それが本来の姿ではありません）。ですから、ここではこの公案による調心の具体的方法は、説明を省略します。

只管打坐《しかんたざ》

最後の調心方法は、只管打坐です。「只管」とは「唯《ただ》」ということ。「打坐」とは「打ち坐る」ということですから、ドシーンと「ブッ坐る」ということ。つまり、調身して端座できれば、あとは何もしないのです。そのままただ深く深く凝集していくのに任せるのです。先に述べた四つの方法が、どこか最低限度何かを「する」のに対し、只管打坐はまったく何もしない。ただ調身された坐にすべてを任せるのです。いわば絶対受動態に徹するということです。しかし、ただボーッとすることではありません。実は、最も純度の高い凝集体が灼熱するようなものなのです。したがって、これは最も困難な坐であると言ってもいいのです。ですから、一般に初心者には勧められません。しかし、太古の（主に唐時代の）禅修行者たちはほぼ全員これで修行していたのでしょう。事実、只管打坐は最も純粋な坐禅と言えます。後年の道元禅師に由来するのは、この只管打坐です。

種々の想念への対処法、その他

こうした調心の方法で坐ってみて、誰でも最初にわかるのは、大変簡単に思えるこれらの方法のどれも、決して簡単ではないということです。特にありとあらゆる雑念というか想念が湧いてきます。あるいは一定のイメージが浮かんでは消え、浮かんでは消えます。なかなか集中ができない。

しかし、普通の意識形態の場合、雑念が湧くのは当然のことで、自分が生きていることの証拠だ、ぐらいに思ってください。いわゆる雑念は深い没入態、いわゆる三昧状態に入らないとなくなることはありません。ですから、例えば数息観なら、雑念を払って「ひとーつ、ふたーつ」とやるのではなく、雑念のただ中で、「ひとーつ、ふたーつ」とやるのです。何が浮かんでこようとこまいと、「ひとーつ、ふたーつ」と切り進んでいくのです。

以上、坐禅の仕方をひと通り説明しました。これから試していただく訳ですが、今日は状況として講師がここにいますので、個人的にアドヴァイスできます。ただ、特に「調心」に関しては、少し経ってから質問が出てくるというのが普通です。その時に指導してくれる人がいないとやはり困惑します。そうして、そのまま止めてしまうか、あるいは自己流でやることになります。止めてしまうのは残念ですが、自己流でやるのは危険でもあって、いっそう問題です。ですから、初歩の次元でも、やはり誰か信頼できる指導者のもとでやるのがベストである、と心得てください。

経行《きんひん》（歩行禅）

最後に「経行」、すなわち歩行禅のやり方について説明しておきます。

坐禅から経行に移行する時は、禅堂では直堂《じきどう》が鐘や引磬《いんきん》を二声鳴らしますので（止静《しじょう》が

経行の時の叉手当胸

終わって、休憩に移行するか、そもそも坐禅時間の終了を示す時には、単に一声を鳴らします。これが「抽解《ちゅうかい》」の合図です）、左右揺振してゆっくりと立ち上がり、面壁の位置から百八十度向きを変えて全員で対面して立ちます。この後、直堂が柝《たく》を一打したら、いっせいに問訊（合掌しておじぎをすること――後出）し、さらに左に九十度ターンし（つまり、皆一列になり）、普通に歩く速度よりはゆっくりめに歩き始めます。この時に、「叉手当胸《しゃしゅとうきょう》」という手の組み方をします。

そのやり方ですが、始めに右親指を中にして右手で拳を造り、鳩尾《みぞおち》に軽く当てます。その上を左手で被うようにします。そして、両肘を水平一直線にします。この際、重ねた両手を九十度回転させ、両小指側が外側を向くようにしても構いません。その方が、両肘が水平になりやすいかも知れません（実のところ、この形は正しくは「揖手《いっしゅ》」と言い、経行の元来の手の形のようです。しかし現在は、揖手も含めて「叉手当胸」と言う場合が多いので、それに従っておきます）。

いずれにしても、頭は起こします。そして視線は自分の前、一メートル半か二メートルくらい前に坐禅の時と同じように落とします。つまり「半眼」のままです。

歩く時、前の人との間隔は最後まで同じく保ちます。経行で歩く方向は、（他の禅堂内の運動と同じく）常に時計回りです。経行中も、心の中では坐禅と同じ状態を保ち、同じ修行法を継続します。文字通り歩行禅です。なお、この経行中にトイレにいくなどの、必要事に当たることが可能です。列に戻る時は、自分の経行の席が近づくまで入り口で待って、近づいたら中に加わります。

直堂が柝を一打したら正式の経行の終わりの合図なので、全員普通の速度の歩行で自分の単《たん》に戻ります。

経行

ちなみに、今説明した経行の方法——特にその手の組み方と歩く速度——は三宝禅の方式です。曹洞宗ならば、法界定印の手の状態をそのまま持ち上げるという表象で、左の手が右の手で覆われるかたちになり、三宝禅方式とは手の重ね方が逆になります。また、曹洞宗ではそもそも歩き方が半歩ずつ、大変ゆっくりと歩きます。他方、臨済宗は、手の重ね方は三宝禅と同方向ですが、三宝禅よりももっと敏速に歩きます。ほとんど走るくらいになる場合もあります。速度的に言えば、三宝禅方式は曹洞宗と臨済宗の中間を行っています。この入門講座では、三宝禅方式でおやりください。もっとも、皆さんが曹洞宗や臨済宗のグループないしは坐禅会に出る時には、その宗派・その禅堂のやり方に倣ってください。

禅堂における基本的規則とマナー

規矩《きく》

禅堂には、さまざまな規則があり、それに沿って行動します。最初は面食らうかもしれませんが、一旦覚えてしまえば問題ありません。おもしろいことには、これらの規則にはほとんどすべての場合、合理的な根拠があります。もっとも、その説明は普通はいたしません。ただ、一つ間違いないことは、こうした規則は、各人および禅堂で坐る全員の坐禅の深化のために設定されていることです。その意味で、安心して従っていいのです。

合掌《がっしょう》

禅堂で一番多く使用される仕草は、「合掌」でしょう。両手の掌を合わせて、中指の先が鼻の先と同じくらいの高さにくるようにします。合掌は、実にさまざまな場面で登場します。すでに経行《きんひん》との関連で一部は述べましたが、いまそれ以外の具体例は省きます。

合掌

問訊《もんじん》

合掌だけでなく、それにお辞儀（低頭〔ていず・ていとう〕と言います）を加えると、より丁寧になります。これを問訊と呼びます。問訊は、禅堂に入る時、禅堂から出る時、仏壇／祭壇に向かって必ずしますが、

対単問訊

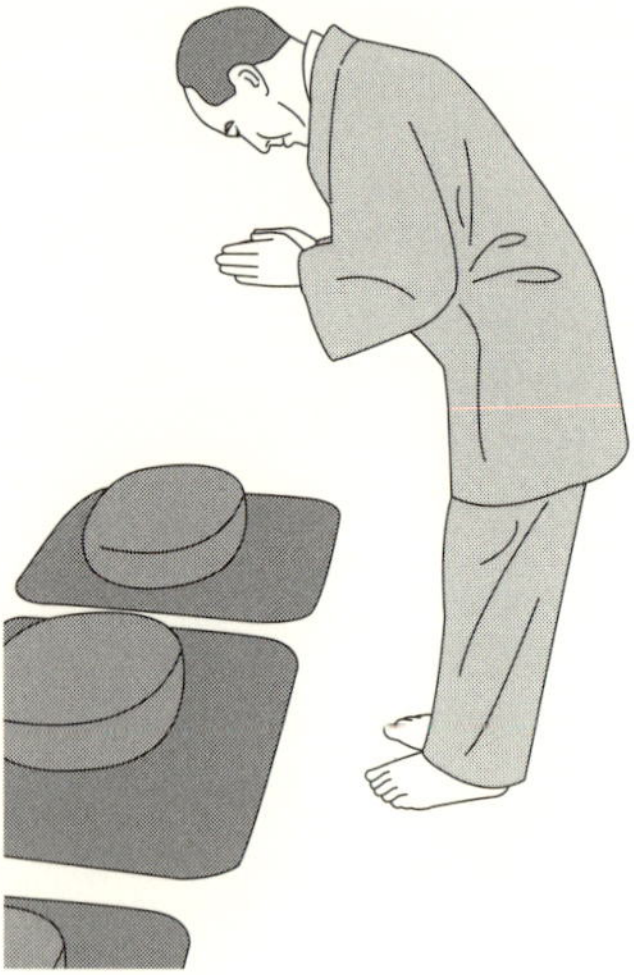

隣位問訊

それ以外にも、経行の始めと終わりに全員でするなど、重要な場面に出てきます。

　特に自分だけで禅堂に入って行き、坐禅を始める時、一連のしきたりがあります。まず、自分の単《たん》に行き、ちょうど自分の坐蒲に向かうかのように問訊します。しかしこれは、自分の坐蒲に挨拶しているのではなく、自分の両脇の隣人たちに「よろしくお願いいたします」という意味で挨拶しているのです。これを「隣位《りんい》問訊」と言います。その後、今度は百八十度、時計回りに回って、自分とは反対側に坐っている人たちに「よろしくお願いいたします」という意味の問訊をします。これが「対単問訊《たいたん》」です。そして初めて坐を開始します。

ちなみに、経行の終わりでは、単に戻って皆が向かい合って立ち、いわば集合的にまず対単問訊を行い、その後百八十度時計回りに向きを変えて、一斉に隣位問訊を行って、また坐に着きます。

これはまったく形式的なことのように見えますが、実はこのようにして私たちは知らず知らずのうちに、自分の坐を準備しているのです。自分が禅堂で坐れるのは、周りの道友たちが一緒に坐ってくれているために可能になることなのだ、とわかるのです。ですから、自分が部屋で一人で坐る時も、この「隣位問訊」と「対単問訊」の所作はすべきなのです。たとえ他に誰もいなくとも、ドアや畳や窓や机や、その他もろもろのものが、実は一緒に坐ってくれているからです。

拝《はい》

これは禅における「五体投地」の姿です。提唱の前後や朝課・晩課の時など特定の場合に仏壇／祭壇の前で、あるいは独参室で師匠の前で、通常は三回行うので「三拝《さんぱい》」とも言

拝

われています（きわめて正式な場合のみ、「九拝《きゅうはい》」にします）。膝を折り、自分の額を畳につけ、両の手のひらを上にして、自分の耳の脇の畳の上に置きます。そして、その両の手をそのまま、自分の耳のレベルよりも高くスッと持ち上げます。そして一瞬そのままの状態を保ち、やがて両の手を畳の上に戻します。これは、釈迦牟尼の足を己よりも高く上げる、という意味の敬意の表現です。

これによって、釈迦牟尼以来の禅の伝統（およびそれを担っている師匠）への深い敬意が表現されます。同時にしかし、釈迦牟尼以降の禅の伝統と言っても、それは実は真の自己の姿に他なりませんから、深い次元では、真の自己への敬意の表現になっています。偶像礼拝や単なる個人崇拝ではありません。

禅堂の基本的振舞い

禅堂内では、手を垂れ下げては歩きません。常に叉手当胸（あるいは揖手）で移動します。こうして、私たちの体自体が、禅堂内は独自の霊的凝集の場であることに気づいて行くのです。

また、禅堂内の公の動きは常に時計回りです。さきほどの隣位問訊、対単問訊のやり方でもそうでした。また、経行のやり方も時計回りです。逆方向には動きません。これは、人間の〈気〉が外に発せられる時、時計回りに出ると言われていることと関係しているかもしれません。

警策（きょうさく・けいさく）

警策とは、警覚策励のために修行者の肩を打つこと、あるいはその棒のことです。先の方が平たくなっていて、叩くと「パン！」という音が出るようになっています。一般の人に禅のイメージを聞くと、「厳しい」というイメージに並んで、ほぼ例外なく、「少しでも動くと棒で叩かれる」、「怖い」という映像が出てきます。それは日本を超えて一般化しています。たしかに、或る宗派の一連の禅堂では、警策を振るう役位の者たちが、接心中に自分は警策を何本折ったとか、自慢げに話すようです。私はこれは邪道だと思っています。警策は疲れや肩の痛み、眠気などの際の助力でこそあれ、罰やいじめであってはならないはずです。本当の見性は、いくら叩いても出てくるものではなく、また、叩いて出てくる

ものは、せいぜい一時の異常心理状態に他なりません。三宝禅では、基本的には、警策を受けたい者にのみ、警策が与えられます。警策を受ける時には、すこし儀式がありますが、その時になったらデモンストレーションをすることにして、今回は割愛します。

4　坐禅に関する、その他の注意点

在宅での坐禅

ここで、自宅で坐禅をする時の注意点をまとめておきます。

1　面壁《めんぺき》　坐禅は本来「面壁」でした。臨済宗は対面坐ですが、一説によると明治以降広まった慣習のようです。「達磨《だるま》面壁九年」とか「魯祖《ろそ》面壁」とか言いますので、そもそもは面壁だったことは明らかです。「面壁」と言っても、壁（や障子など）にほとんど接するほど真ん前に坐るというよりは、約一メートル前後離れた方が圧迫感がなくていいでしょう。要は視界を遮ることで、心を落ち着かせるのです。

２　場所　坐禅をする場所は、もし選ぶことができるなら、静かな奥まった部屋、そして部屋の奥の方が望ましいでしょう。いわば、より「聖なる」空間や場に身を置いた方が、坐禅の助けになるのです。

３　衣服　坐禅をする時は、ゆったりとした服が望ましいでしょう。あまりにスタイリッシュなズボンなどは、坐禅をすると締めつけが厳しく、まともに坐れません。また、禅堂では、他の人の気を惹いたり邪魔になったりしないように、黒系統の目立たない衣服を着ることになっています。

４　光　どのくらいの明るさがいいかと言うと、何とか新聞の字が読める程度の明るさないしは薄暗さがいいとされています。あまり暗いと眠ってしまいますし、明るすぎると集中できません。

５　室温　坐る場所の温度は、暑すぎず、寒すぎないのが原則です。寒中に震えながら坐禅をするのは、我慢大会にはなりますが、その我慢のために無駄なエネルギーを使っていることになります。それでも、暑さと寒さの中間のどの辺が理想的かと言われると、どちらかと言えばやや寒い、という程度が一番集中できるでしょう。

6　時間帯　在宅の場合、一日のうち、いつ頃坐るのがいいか。これにはルールがあるわけではありません。いつでもいい、というのが原則です。一番多いのは、やはり朝食の前でしょう。さらには、就寝前に坐るという人も多いはずです（そうすると眠りが深くなるとも言われています）。何はともあれ、自分のバイオリズムに組み込んだ方が効果は高いので、一定のリズムに従った坐を自分の日々のルーチンにする、ということが勧められます。

7　時間　一回坐る時間、つまり一炷（〔いっちゅう・いっしゅ〕一本の線香が燃え尽きる「時間」の意味）の時間は、二十五—三十分が推奨されます。一般の禅寺では四十分から一時間ぐらい坐るでしょう。しかし三宝禅では、標準の坐禅の時間は一炷二十五分にしています。一時間坐りたい場合は、中間に経行《きんひん》を入れて二炷一時間として坐ることが勧められます。いわばインターバル坐禅です。これは、一般的に見て、人間の集中力のシャープさはその方が長続きするからです。もっとも、個人差があるので鉄則があるわけではないのですが。また、あまり時間がない場合でも、とにかく毎日坐ることが勧められます。五分でも十分でも、まったく坐らないよりはずっとよいのです。

8　食事　食事は腹八分目か七分目が原則。また、食事の後、一時間は坐禅をしません。胃が消化活動に徹することができるようにします。

9　成果の自己検証　初めて坐禅をすると、このようなことをこれから続けていくのだろうか、そもそも続けるべきだろうか、続けていけるのだろうか等々、不安になりかねません。そこで、まずは毎日やるとしても、二週間くらいを「お試し期間」として、やってみるといいでしょう。そして二週間後に自分でチェックしてみるのです。果たして、二週間毎日少しでも坐禅をやってみて、どこかプラスになった気がするかどうか。なんとなくでも、プラスになった気がする、「成果」があった気がする、と答えることができるなら、またあと二週間やってみるのです。そのような気がしないなら、止めてしまってかまいません。もしあと二週間やるとすると、始めから数えて一カ月後になりますので、そこでもう一度自己チェックするのです。ここで結局あまり意味がなかったとしか思えなければ、止めればいいです。しかし一カ月のちにやはり何か意味があるいう感じがすれば、あと一カ月、あるいは二カ月、やってみるといいでしょう。こうして六カ月後、一年後という風に、自己チェックするのです。一年経って、やはり意味があると思える人は、もう簡単には止めようと思わないでしょう。

修行の形態

坐禅を続けていく際に、三つの修行の枠組みがあります。

独坐

坐禅の基本は、やはり一人で坐ることです。もし家族や夫婦で一緒に坐れるなら、独坐ではありませんが、それはそれで大変けっこうです。しかしなかなかそうはいかないのが、大部分のケースではないかと思います。とにかく、自分で坐るのが基本中の基本です。

グループ坐

しかし、もし可能であれば、定期的にグループで坐るのがお勧めです。多くの場合、これは「坐禅会《ざぜんかい》」と呼ばれているかもしれません。そうでなければ、より内輪の坐り仲間の集まりでしょう。とにかく、ある日を定めて、一カ月に何回というように行われるのが普通です（稀に一日を越える長さのものもあるでしょう）。これに参加するに際しては、そのグループが同じ三宝禅系列でなくてもかまいません。曹洞宗でも臨済宗でも、受け入れてくれるなら一緒に坐ってかまいません。共同で坐ることが許されるのであれば、とにかくその機会は活用すべきです。坐が何倍も深く、強烈に作用するからです。ただ、そうしたグループで坐る時には、そのグループが前提にしている（禅堂での）振舞いのパターンに従う必要があります。もっとも、坐り方自体（調身）は、どの禅グループでも同一のはずです。さらには、そうした坐禅会に指導者がいる場合、その提唱を聞いてまったくかまいません。

ただ、それ以上に個人指導（独参）の可能性がある場合、もし自分がすでに誰か師匠の指導を受けているという場合は、その坐禅会での個人指導は遠慮すべきです。修行上混乱しないためです。この点には、後で戻ってきましょう。

接心《せっしん》

第三の枠は「接心」（「摂心」とも書く）に参加することです。接心とは、数日間、或る指導者のもと、坐禅にグループで集中する修行法です。一年のうち、二回から四回程度接心に参加できれば理想的でしょう。事実、坐禅は、接心に規則的に参加することによって初めてその元来の力と意味とを開示してくれます。ただ、接心に参加するということは、少なくとも三宝禅の場合、或る特定の教師（禅教師、準師家ないしは師家）につくことを意味します。そこまで決心できない場合は、接心自体が遂行困難なので、一人で坐るか、グループで坐るか、の次元でとどまることになります。ただ、師匠を選ぶのは、大変重要なことなので、後でまた戻ってきます。

以上、一人で坐る、グループで坐る、そして接心に参加する、これら三つの形態を一定の規則性をもって持続させることで、坐禅の修行は最適なかたちで遂行されると言えるでしょう。

5 魔境《まきょう》

ここで「魔境」と言われる現象について述べておきます。魔境の捉え方もいろいろあるのですが、ここでは狭く捉え、坐禅の間に発生しうる、非実在的な感覚現象に限定します。坐禅を始めて少し経ち、やや坐りも軌道に乗る頃、奇妙な現象が坐禅中に発生し得ます。これは主として、視覚、聴覚、嗅覚などにかかわる現象です。例えば、突然目の前に美しい色の模様が出てきた、不思議な町が現れた、観音様のような光り輝く人物が手招きした、奇妙な怪物が出てきた、等々。あるいは教会などないはずなのに、教会の鐘の音が鳴り止まない、あるいはカレーライスの臭いが漂ってきて仕方がない、等々。これらは大体、坐禅を止めて立ち上がると消えます。しかし、坐禅している時にはリアルな現象として出てくるので、どうしていいかわからなくなる場合が多いのです。

なぜ、このようなことが起こるのか。坐禅で内へ沈潜すると、一般的な意識の層を越えて、いわば潜在意識の領域に心が降りていきます。すると、そうした下層意識にある現象要素が或る形態を取って意識の層に浮上するものと思われます。原理は夢と似ています。こうした魔境は、坐禅修行の始めの頃に起こりがちで、坐禅に十分慣れてくるとほとんど起こらなくなります。

魔境が起こり、何がなんだかわからなくなったりした場合は、やはり指導者に相談することです。魔境を見たことを、自分は「悟った」などと誤解でもしようものなら、大変な誤りになりますので、それをきちんと位置づけてくれる人がいるのはとても望ましいことです。その意味でも、たった一人で熱心に坐禅することは勧められない、と言えます。その際、まともな指導者なら言うことは同じです。自分の魔境に興味や関心を持つあまり、それを追いかけたり、これに固執したりしないこと。魔境は出てきたら出てきたままにしておいて、自分本来の修行法（数を数える、呼吸に従う等）にいっそう専念することです。追いかければ、それは坐禅にとっては余計な道草を食うことになります。指導者の方からすれば、ある人に魔境が出てきたら、それはその人が坐禅にやや深く入り始めたしるしであると認識するでしょう。しかし、それ以上ではありません。また、魔境が出ればよい、出なければだめ、というわけでもまったくありません。そもそも、魔境を全然経験しない人もおります。つまり、魔境が出てきてもそれに惑わされずに本来の修行を続けること、これに尽きます。

この関連で述べておきますが、魔境ではないのですが、坐禅をしていて涙が止まらなくなる、あるいは理由なく恐怖に駆られる、ということが起こり得ます。これも意識下の領域が坐禅によって刺激されて出てくる現象で、多くが以前の、場合によっては幼児期などの体験が奥に潜んでいるものです。この際の扱いも、原則的に魔境の場合と同様です。涙が止まらなくなったら、涙が流れるままにしておいて、自分の修行を続けていけばいいのです。恐怖心の場合も同じ原理で、修行をそのまま継続していくことです。ただ、強烈な恐怖の場合は特別で、パニックになりかねません。そのような場合は坐禅をいったん止め、そのまま精神科の医師か心理カウンセラーと相談することです。また、そのようなカウンセリングと並行して、指導者の指導のもと、坐禅を続けることは不可能ではありません。

6　坐禅の三つの「果実」

それでは坐禅をやるとどうなるのか、どういう果実が結ばれるのか、という話に移ります。これは、坐禅の目標は何かと言ってもいいのですが、始めから明確な目標意識を持たなくてはならない、という風に理解されると不本意なので、坐禅の果実ということにします。

これには、今は通常の身体的効用は含めません。つまり、坐禅をすると血行がよくなる、冷え性が治る、姿勢がよくなる等々の効用です。これはあまりに当たり前であると同時に、あまりに初歩的な効用なので、特に強調して申し上げるには及ばないということです。

坐禅本来の果実は、大別して三つあります。一つは「定力《じょうりき》の強化」、次が「本質の体験」、そして最後に「本質の実現」です。

定力の強化

「定力《じょうりき》」という言葉は、あまり聞き慣れない言葉だと思います。これは「定《じょう》」に入ると
いう経験を繰り返していると出てくる諸力というか、果実です。「定」とは、以前に出た
「三昧《ざんまい》」と言葉の内容は同じです。Samadhi というサンスクリット語を、一方では音訳し
て「三昧」とし、他方では意訳して「定」としたのです。

では、定とか三昧とか言われるものは、どのような内実のものか。これは坐禅中に意識
が内部に深く沈潜し、それによって意識が単純化され、さらには統一化された状態と言え
るでしょう。そして最後に、この統一化された意識も消える――自分がいなくなる――ほ
ど深くなります。

この状態に近づくと、あるいはその中に入るとどうなるか。これは大部分、坐が終わっ
てから気づくことですが、あれほど痛かった足が痛くなかった。あるいは痛みがどこか遠
いところにあった。あるいは外で何人かの人が騒いでいたが、まったく気にならなかった

――そうしたことが起こります。そして何よりも、一炷《いっちゅう》がひどく短かった。二十五分が、まるで五分ぐらいにしか感じられなかった、となります。そして坐が終わった後、なんともいえないすきっとした透明感が出てきます。理由なき平安感と言ってもいい。そして同時に、生きていくエネルギーが湧いてきます。これだけでも、定に入ることはとてつもなく貴重なことだと思われるでしょう。

そして、この定にそれなりに入ることを繰り返していると、さまざまな力が出てくるのです。この力を定力と呼んでいるわけです。それは何よりも、情念的レベルで働きます。まず、感情のバランスがよりすみやかに回復するようになります。怒ったり、くさったりしても、それを長く引きずらない。つまりバランスの回復が速くなるのです。あるいは、憎しみ、嫉妬というような、否定的感情がよりコントロールされるようになります。残念ながら、こうした感情はそう簡単には完全に消えてはいきません。しかし、時とともに、明らかに前よりも制御が効くようになるのです。

そして誰でも言うことが、集中力が増すということです。仕事や生活の各局面で、より効率よく課題を片付けることが可能になるので、この点は如実に実感できるようになります。この人生において、集中力のあることが否定的に扱われることはまずないでしょうから、これは大変大きなことです。

また、直観力が涵養されます。理詰めでわかるのではなく、直観でわかる。具体的に言うと、一部分しか見ていないのに全体がわかる、表面しか見ていないのに奥がわかる。あるいは、「なんとなく」わかってしまう、ということもあります。要するに、カンがより働くようになるのです。これも貴重なことです。

また、いわゆる創造力が増すということもあります。これまで以上にアイディアがふっと浮かぶ。あるいはこれまで考えてもみなかった切り口が思い浮かぶ、等々。とりわけ西洋では、音楽家や画家など、多くの芸術家が坐禅をしていますが、それも、定力がこのように直観力や創造力の深化を生むからでしょう。

加えて、いわゆるストレス状況に面しても、それにより抗しやすくなる、というか、より柔軟に対処できるようになります。ストレスをまったく感じなくなるわけではありませんが、いわばストレスの刃がずっと鈍くなるのです。これも定力のおかげということができます。

さらには、広い意味の定力の成果として、自分の周りの人々や直接的な環境と自分との関係が何となく良くなる、ということがあり得ます。道元の言葉で言えば、「坐禅すれば自然《じねん》に好くなるなり[5]」ということです。無理を承知で変えようとせずとも、いつの間にか何かが整っていく、という経験をした人は、決して少なくありません。要は、定力によって実は知らないうちにこちらが変わっていくからなのでしょう。

最後に注記しておきます。このように話すと、定に入らない坐は意味がないのではないかと思われがちです。実はそうではありません。たとえ意識のレベルでは三昧に達しなくても、身体の深部が坐の力をすでに受け止め、記憶しているのです。そしてそれは必ず実を結びます。意識の上では三昧に入れても入れなくても、坐禅は続けていくことが肝要です。

定力は誰でも多かれ少なかれ、坐禅を続けていくと与えられます。そこには悪い「副作用」がまったくありません。しかし、それほどすばらしいものでも、坐禅を止めると弱体化してやがて消えていきます。大変貴重な「果実」ですが、貴重ではあっても、そうした限界を持つものだということも、知っておくべきでしょう。

本質の体験

第二の果実は「本質の体験」です。「本質」とは、私たち自身の本質のことです。同時にそれは、この世に存在するすべての物事一切の本質です。その本質に、体験的に覚醒することです。「真の自己」「本来の自己」の体験とも言います。伝統的には、これを「証悟《しょうご》」とか「悟り」とか「見性《けんしょう》」とか「覚《かく》」とか言っています。

この果実が生起するには、それに先行して、先に言った三昧、つまり定の状態に入ることが原則として必要です。それ無しで本質体験が生起して、それがかつ本物であるとすれば、それはその体験が生起した瞬間かその直前の瞬間に、三昧のきわみである自分自身の全面的消滅が偶然にも奇跡的に介入したと言わなければなりません。そうした事例は少なからず存在するのですが、それを念頭に置いてそれに依存するとしたら、結局は何も起こりません。要するに、三昧のプロセスは、第二の果実が生起するための大前提として必須なものであると心得ていていいのです。

しかし――ここがむずかしいところですが――三昧を知っているだけではだめだということも事実です。三昧の経験は自動的に証悟体験を生むものではないのです。三昧は、証悟の必要条件ではあるが、十分条件ではないということです。

では何が必要かというとむずかしいのですが、心の深部における一種の必死さと言えるでしょうか。二心なく一切を投入する絶体絶命さというか、そうした根源的動機づけが必要なのです。伝統的には、ひしひしとした無常感などがその例として挙げられてきました。これは、その時々の接心などにおける、表面的ながむしゃらさとは、必ずしも同じではありません。深く心の内奥で進行する必死さなのです。そしてもう一つは、師匠の存在およびその指導も含めた、人知を超えた摩訶不思議な恵みとしか言いようのない何かです。よく「自力」と「他力」と言いますが、自力も他力もそのきわみの一点で実は融合するような、或る飛躍性の事件として起こるものです。

その際には、まず何よりも、その必死な自分を――矛盾のように聞こえますが――手放すということが起こります。それは、自分というものの霊的な死とでも言うべきものです。

自分が根源的に消滅してしまった、あるいは始めから消滅してしまっている、という事実が有無を言わさない明白さで突出します。これが生起しないと悟りにはならない。ここは説明しにくいのですが、とても大事なところです。深い三昧に入って、万物と一体化するとか、自分がいなくなるとか、非常な歓喜に襲われるとか、自由感を覚えるとかは多々あるでしょうが、それだけではまだ本当の見性ではないのです。——もっとも、こうした深い三昧体験を悟り体験と誤解してしまう場合があります。本人だけではなく、指導者も「ごまかされる」場合があります。その意味では怖いことです。なんとしてもいわゆる「明眼の師匠」を探す必要がある所以です。

別様に言うと、そもそも「自分が無い」、そしてさらに同時にそもそも「ものが無い」という事実が疑いようもなく明白になるのです。伝統的に、これを「人空《にんくう》」「法空《ほっくう》」と言っています。前者は自分自身が空であること、後者は物質界・客観界が空であることを意味しますが、「空《くう》」に二つあるのではなく、自分も世界も「無い」という事実が、便宜上二様に言語化されているのです。大事なことは、これが「空」の思想が成立したとか、「空」の哲学がわかったとかいう知的次元の事柄ではなく、何とも表現しがたいが、あえて言えば「無い」としか言いようのない事実が体験として現出した、ということなのです。

もっとも、これで真の事実の深さや局面のすべてではありません。しかし、この「無い」という事実が一切の基点であり、これがある程度の純度で明瞭にならないと証悟とは呼べないのです。この事実の体験が核心となって、本物の「ひとつ」の世界が際限なく開示されていくのです。

この証悟体験はどれも、一瞬のうちに来ます。つまり、「ハッ」とその事実に気づくのです。「囫地《かち》一下《いちげ》」の体験とも言います。いわゆる「頓悟《とんご》」です。言葉としては、その逆の「漸悟《ぜんご》」（除々に悟る）というものがありますが、これは一生の間に何度も頓悟を繰り返すという全体プロセスを表現する表現として使うなら正しいことですが、悟りの体験自体は除々にじわじわとやってくるものではなく、必ず頓悟の体験形式を取ります。じわじわわかったという場合は、ほぼ間違いなく観念操作が入っていて、純粋ではありません。

逆に言うと、真の証悟体験の場合は、いつどこで、どのように起こったか、明確に語ることができます。これを語ることができず、いつの間にかなんとなくわかった、というのはまず間違いなく真正の証悟ではありません。不思議と言えば不思議です。

それは、坐っている時に起きるかというと、必ずしもそうではありません。さきほど、三昧の体験がこの証悟体験の前提だと言いましたが、それは、三昧の禅定に入っている時に、その先の悟りの世界に一瞬のうちに移行する、という意味では必ずしもありません。たしかにそうしたケースがないわけではありません。しかし不思議にも、実際には坐の外で、ある具体的な感覚的刺激が契機となって——特に自分ではそうしたことはまったく考えてもいなかった時に——突然「ハッ」としてすべてが切り開かれる瞬間が到来する方が圧倒的に多いと言えます。

さらに、この体験は、人によってその様相や細部が皆違います。しかしながら、本当の体験ならば必ず通底する要素が見えるわけで、それを確認して適切に指導するのが師匠と言われる人の役目です。また、この体験は、深浅の差が激しいものです。つまり、深いか浅いかの大きな差があります。よく、本当の世界を「牛」にたとえますが、それで言うと、牛の尻尾を見ただけの体験もあれば、尻尾も含めて、牛の臀部をギンガリと見た体験もあります。他方、牛全体を一発で見てしまうという体験は、ほとんどないと言われています。釈迦牟尼とか、かつての慧能《えのう》禅師（「六祖」と言われる、六三八—七一三年）などは例外でしょう。ですから、最初の悟りの体験を得ると、なおのこと一所懸命に「悟後《ごご》の修行」にはげみ、少しでも深く、観念性をできるだけ排した純正の智慧になるように努めるわけです。

そうすると実際、証悟体験は深みと次元を異にして繰り返します――どれだけの間をおいてかはまったく個々人によりますが。「大悟《だいご》十八遍、小悟その数を知らず」などという、誇張気味の（？）伝説的表現すらあります（大慧《だいえ》宗杲《そうこう》（一〇八九―一一六三年）に遡源すると言われる）。要するに、この凝集度を深めた「悟後の修行」の方が、最初のやみくもに坐禅をしていた時よりも何倍も困難であると言われます。しかし同時に、この限界なしの深まりの体験の中にこそ、坐禅をやっている者にとっては他にはかえがたい喜びが存在するのです。最初の突破は、たしかに大きな安堵感と喜悦感を与えずにいません。しかし場合によっては、それ以降の再見性《さいけんしょう》、再々見性の方が、次元を異にした深い、恒常的な喜びを与えるものです。

最後に、こうした証悟の（多くは初期的）体験は、坐禅無しでも到来することが可能であることをもう一度断っておきます。人間の現実は不可解で、そうした体験を坐禅無しで恵まれた人の数は、さほど稀有だとも言えないほど実は存在します。しかし、これについて二つほどコメントしますと、まず、そうした体験を恵まれた人の多くが、自分では何が起こったかわからず、それを正しく評価して育てていくことができないのです。そのため、そうした体験は時とともに一種の記憶の中に埋もれていき、もはや何が起こったのか自分では把握できないままになってしまう場合が多いのです。あるいは、その体験をもとに、一種の自己インフレに陥り、自分だけがひどく偉い存在に見えて人格が変わってしまう場合もあります。やはり、どうしてもきちんとした指導者にアフターケアをしてもらわないといけないのです。また、このように体験したというのは一種の偶然であって、これは他人が真似して繰り返すことができません。キリスト教の中の神秘主義者たちの体験もそうでしょう。よく知られた小話に、木の切り株に兎がぶつかって死んだために兎の肉を手に入れた農夫が、また同じ幸いに出会おうと切り株の近くで延々と待っていた、というのがありますが、同じ柳の下にそうドジョウはいないのです。この点、坐禅の道は、誰にでも当てはまる普遍的な方法を提示している点、見事だと言わなければなりません。それも、千年、二千年の長きにわたって練り上げられてきた方法です。大変貴重な人類の財産を私たちは目の前にしているわけで、この点はいくら強調してもかまわないと思います。

本質の実現

坐禅の第三の果実は、最も大きな、最も重要な果実です。それは、私たちの本質を、現実の人格に、現実の生活に、そして現実の社会に実現することにあります。これこそ、まさに坐禅の究極の目標でもあります。

このことは、見性を伴わなくても、坐禅を長年真摯に続けていると、定力が積み重ねられて除々に人間が変わってくるので、誰にでも一定の実現が不可能ではありません。また、この世には、一般に「聖人」と呼ばれるような人がおり、たとえ悟りがなくとも、倫理的に見て他人が真似のできないような高みを具現化する場合があることも事実です。また逆に、証悟体験を得たからといって、自動的にその実現につながるかというと、そうはいきません。実生活における真の自己の実現というのは、また新たな別次元のことなのです。

しかしながら、本質の実現には、その本来の自己を自らはっきりと認識していた方が圧倒的に大きな助けを得るようになる点は間違いありません。したがって、第二の果実の重要性は、強まることこそあれ、弱くはなりません。ただ、悟りの体験が血となり、肉となるには長い時間がかかるのです。そしてその過程は、これでいいという限界がなく、無限に広がりゆくものです。「お釈迦様でも御修行中」と言われるのは、そうした面を示した表現でしょう。

「本質の実現」に関しては、さらに一つの面を付加しておきましょう。先に述べたように、自分の人格に、そして社会の中に、この本質を実現していくことが最大の果実なのですが、実はその根本果実として、寂静《じゃくじょう》の中に「端坐する」ということそのものがすでに「本質の実現」である、という真実面があるのです。その意味では、坐禅とは、第一および第二の果実を得るための方法であるということと並んで、その実践自体が第三の果実の――少なくともその基幹の――実現である、という真実があるのです。この点を強調するのは現在の曹洞宗でしょう。ただ、このことが身に沁みてわかるのは、やはり第二の果実を味わった後の話であって、単に言葉でこの面を強調すると、一つの観念に堕しかねません。

以上、坐禅の三つの果実について略述しました。三宝禅は、これら三つをそれぞれ大事に考えています。しかし方法論的に見て、その中でも第二の「本質の体験」に一番重点を置いています。それは、この要素が太古の世界から禅の生命であったという理由と同時に、今の現代世界において、この「本質の体験」への希求が否定しがたく強く、また現代人の根源的な安心《あんじん》の発見には、この生々しい体験が不可欠だと感じるからです。そしてそれが、新しい次元へ向けての人間行動を真に可能にし、底支えすると思われるからです。

また、この中核的な第二の果実を心の内奥で祈念して真剣に坐れば、第一の果実は自動的に付随してくるものであり、また第三の果実の実現にも自ずから連なっていく質のものだからです。

7 坐禅の動機・坐禅のタイプ

この坐禅の果実と多くは並行する事態になるのですが、人はいかなる目標を持って坐禅をするのか、ということをここで省みてみたいと思います。

坐禅をする動機

そもそも人はなぜ坐禅を始めるのでしょう。これには実にさまざまなパターンがあるでしょう。一番必然性が低いのは、偶然です。例えば、自分のガールフレンドが坐禅を一所懸命にしていた、それで仕方なく自分もつき合うことにしたという場合です。これでどこまで続くかはわかりませんが、実際にあるケースです。もう少しましな（？）ケースとしては、禅への好奇心です。禅とは何なのか知ってみたいという場合です。日本に興味のある外国人が、関心の一環として坐禅をしてみようと思う場合などが典型です。あるいは――日本の禅僧侶になる人たちの相当数はそうでしょうが――父親の後を継いで寺を引き受けるために、職業上の要請で強制的に坐らざるを得なかったという場合。あるいは（仏教系の）大学で単位を取るためにはどうしても少しは坐ってみないわけにはいかなかったというのも、この強制的動機でしょう。これらはどれも、外側から動機づけられた場合になります。

個人的な内発的動機づけになりますと、まずは健康上の理由があるでしょう。冷え性に坐禅がいいと聞いたとか、なんとか猫背を治したいなどという動機で坐禅をやってみようというのは、これに相当するでしょう。さらには心理的理由で坐禅をするということも多くあります。人前で常にあがってしまうので、なんとか自己コントロールの力を身につけたいとか、集中力を高めたいとか、ビジネス等の重要場面で正しい判断ができるようになりたいなどです。場合によっては、死に臨んで、うろたえる自分をねじ伏せ、支配するようになりたい、という深刻なものもあります。

さらに真剣なものが、「自分」に関する問題を解決したいので坐禅をやる、という場合です。自分が何者なのか、本当の自分とは何なのか、どうしても納得したい、というのがこれに該当するでしょう。キリスト教徒で坐禅をやりたい人が、「本当の『神』に自ら出会いたい」というのも、これと同じ範疇に入れていいでしょう。あるいは、なんとなく、漠然と不安でたまらない、というのもあります。生きていることだけで不安だという、いわば「存在論的」な不安です。芥川龍之介がその遺書に残した「漠とした不安」もそうでしょう。また二十世紀の有名な哲学者ハイデガーが人間の根本的あり方として挙げる「不安」（Angst）もこの範疇です。

こうした、扱い切れない「自己」の問題解決を求めて禅にくる場合、それこそ禅本来の問題エリアとすら言えるものです。

これにさらに「死」のモチーフが付加されると、深刻さがいっそう増します。死ぬのが怖い、死んだらどうなるのか、考えると不安でたまらなくなる、という場合です。あるいは、自分の最愛の人物が亡くなり、どこへいってしまったのか、どうしても突き止めたい、というのもあります。まさに、禅でよく言うように、「生死事大《しょうじじだい》」――死の問題こそ最大の問題――そのものです。

こうしてみると、人が坐禅にくるのは相当に幅広いモチベーションを踏まえていることになります。大事なことは、坐禅はこのうちのどの動機づけも否定したり、拒否したりしないということです。一見して軽薄な動機で始めたようにみえても、本人のわからない深みで、実は深刻な動機が作動を開始している場合もあるからです。とにかく、現在の七十億以上の人口の中で、何はともあれ坐禅を志す人はきわめて僅少なマイノリティであることは間違いありません。つまり、理由は何であれ、坐りにくるだけでも、それは奇跡的な

〈縁〉と言って間違いないということです。ですから、そうした契機は心から大事にしたいと思うのです。

坐禅の諸タイプ

こうした動機づけと目標に基づき、坐禅をいくつかのカテゴリーに分けることが可能です。例えば九世紀の禅僧で、圭峰宗密《けいほうしゅうみつ》（七八〇―八四一年）という人が坐禅を五つの範疇に分け、「五種禅」としました。「凡夫禅《ぼんぷぜん》」「外道禅《げどうぜん》」「小乗禅」「大乗禅」「最上乗禅」というものです。私はこれらの名称は現代において誤解を招きかねないので、その呼び名は棚上げして、私なりに考慮した名称に置き換えつつ、現代の様相に合わせた分類を試みてみようと思います。

もちろんこれは理念的（ideal）な分類であって、実際には複数の範疇にまたがる場合もあるでしょうし、一つの範疇から別の範疇に移りゆく場合もあるはずです。あくまで、概念的な整理だと思って聞いてください。

偶発禅

これは、さきほどの例ですと、ガールフレンドがやっているから仕方なしに坐禅する羽目になったとか、大学で単位をとるために仕方なしにやる、などという坐禅のあり方です。自分の内的なモチベーションが積極的には存在せず、いわば偶発的に、半分強制されてやっている坐禅です。親父の跡を継いで住職になるためには、僧侶の資格を取る条件として、坐禅ができるようにならなければいけない、というような「職業禅」も、これに入るでしょう。

このカテゴリーは、先の圭峰禅師の分類にはないものです。いわば、近代以降に出てきた、禅の歴史の中では新しいカテゴリーなのかもしれません。

知性禅

これは好奇心を満たすためにする坐禅です。この中には、学者が学問のためにする坐禅――学問禅――も入ります。どこか紙一重のところで、禅の修行を深めることより、学問を高めることが優位を占めています。圭峰禅師の言う「外道禅」は、仏道以外の人がやる坐禅という意味ですが、その本当の主旨を考えると、この知性禅も外道禅の一種だろうと思います。

定力禅

これは、先の「坐禅の三種の果実」の中の「定力《じょうりき》」を求めてやる禅です。さきほどのモチベーションのうち、健康のためにやるとか、自分の心理的問題を解決するためにやるとかいう坐禅はこれに入ります。圭峰禅師の分け方ですと「凡夫禅」に当たります。ビジネス・マネージャーのための坐禅とか、会社員が仕事の能率を上げるためにする坐禅とか、政治家が政治的判断力の向上のためにやる坐禅とか、あるいはスポーツ選手が成績向上のためにやる坐禅というのも、これに入るでしょう。

この定力禅の極端なケースが、死に臨んで恐れない心を鍛えるためにやる坐禅というものです。主として兵隊とか武士がやった坐禅の姿でしょう。圭峰禅師が「小乗禅」と言ったものが、この定力禅に通じるものを持っていると思います。

証悟禅

これは、さきほどの坐禅の果実では、第二の果実、つまり「悟り」の体験を得ようとしてやるものです。それによって、自己の正体を本当にあきらめたいと願う、あるいは生死問題を鮮明に解きたいと願うものです。圭峰禅師の言う「大乗禅」です。

よく坐禅をやっていない人から、坐禅は悟ろうとしてやってはいけないはずですが、と言われます。たしかに坐っている最中や、接心の期間中には、自分に与えられた、例えば無字の公案などと必死に取り組むべきで、その間は「悟りの『さ』の字も頭にあってはいけない」と教えられる通りです。しかし、なぜそのようにしてまで坐禅をやるのかというと、心の深いところでどうしても証悟体験を得たいからなのです。これは無視しようがなく、また否定しようもないことで、事実これがあるがために真剣に突き進むのです。つまり、この意味では、「悟ろう」としなければいけません。ということは、「悟ろうとしてはならない」という言葉の理解と実践の仕方に、正しく心を配らなければならないのです。

また、この「証悟禅」を実現するためには、ただ単に坐ればよい、というだけではありません。やはり、いわば心の前提条件があるようです。それには三つあると言えます。まず必要なものは、一種の「昏《くら》い憧憬」です。「昏い」というのは、それがどこからくるかわからないからです。どうも自分の真の内奥からくるらしい。さきほど、動機づけの話のところで、「自己」や「死」にまつわる問題を解決したいという事態を扱いました。本当のもの、本当の世界、本当の命を知りたい、という根源的な憧憬心と言ってもいいでしょう。抑えても抑えても出てきて、解決を迫ります。寝ても覚めても、どこか潜在意識の遠いところから呼ばれているような事態です。よく「無常感」と言われる感覚もこれに属します。この、にっちもさっちもいかない内的世界の必死さが、まず前提になるのです（逆に、これがないならば、証悟体験を願ってもどこか中途半端で、解決は本当には生起しないでしょう）。

第二は「昏い信頼」。これも「昏い」というのは、これまた、どこから出てくるかわからないからです。もちろん、自分の師匠に対する信頼はなければなりません。しかし、それも含めた、運命というか宇宙の根源というか命の源というか、そういった何かへの信頼心です。これがなければ、怖くて一歩を本当に踏み出すこともできないでしょう。しかし、不思議なことに、多くの場合、先の「昏い憧憬」が強まれば強まるほど、この「昏い信頼」

も強まるという相互関係にあるようです。

そして第三は、「明確な決心」です。よし、何があっても最後まで従っていく、すべてを投入して求めていき、絶対にあきらめない、という決心です。いわば、腹をくくることです。これは「昏い」わけにはいきません。これではっきりとギアが入る、と言ってもいいでしょう（以上三つは、伝統的には「大疑団《だいぎだん》」「大信根《だいしんこん》」「大憤志《だいふんし》」という表現で言われていたこととほぼ並行します）。

こうした三要素に内的には支えられ、外的には明眼の師匠の指導を仰ぎつつ、「証悟禅」が実践されていくことは間違いありません。

なお、さきほど禅の第二の果実としての「定力の強化」および「定力禅」について語りましたが、そこで言われた内容は、それ自身を目標にしてもできるものですが、実は多くはこの「証悟禅」を実践していく過程で、いわば副産物として自然発生してくるものでもあることを改めて加えておきましょう。「定力禅」から自動的に「証悟禅」には至りませんが、逆に「証悟禅」は自然に「定力禅」の多くを内包していく、という関係にあります。

至道禅

これは圭峰禅師の「最上乗禅」を言い換えたものです。これには二つのかたちがあるかもしれません。

一つは、先の「証悟禅」で十分深く自己の本性を悟り得た人、いわゆる大悟徹底《たいごてってい》した人が、その大悟の世界をさらに超えて、まったく普通の事実の世界に舞い戻り、他者のために尽くしながら、本質の実現の道を無限にたどっていくものです。先の坐禅の果実で言えば、第二の果実を踏まえ、第三の果実の実現・展開に没頭している次元で、いわば究極の坐禅の姿と言えます。

もう一つは、「証悟」体験を得る前から、この坐禅道の圧倒的な豊かさ、深甚さ、崇高さに打たれ、「悟り体験」などに心を煩わされることなく、ただ己を忘れて只管打坐《しかんたざ》（ただ打ち坐る）の実行に全身全霊をかたむけることです。これは純粋至極の坐禅のかたちで、いわば明治以降、曹洞宗がとってきた態度と言えるでしょう。しかし、このあり方を真に純粋に実践することは相当に困難な業で、額面通りにはいかずに、とどのつまり証悟体験に至らないことの言い訳になりかねません。そして結局、坐禅が形式化し、マンネリ化してしまう危険があります。

やはり「至道禅」は、「証悟禅」の裏打ちがあって初めてリアルに展開するものでしょう。道元禅師が言う、「悟迹《ごしゃく》の休歇《きゅうかつ》なるあり、休歇なる悟迹を長長出《ちょうちょうしゅつ》ならしむ」(『正法眼蔵』「現成公案」)ということ、すなわちまずは深く開悟し、その後、その悟りから醒めて、「悟迹」(悟りの跡カス)の「休歇」(止むこと)した真の自己の姿を無限に展開してゆくということです。つまり、「証悟禅」無しの「至道禅」は、実は大変稀で、現実にどれほどあり得るのかわかりません。他方「証悟禅」は、証悟の次元を無限に超えていく「至道禅」を予感し、仰ぎ見ながら、それと根源では不可分に連なっている現在の証悟道をできるだけ深めるべく精進するのです。つまり、坐禅の第二と第三の果実の関係と並行するかたちで、「証悟禅」と「至道禅」はお互いを根拠づけ合い、深め高めていくものと言えるでしょう。

8　独参と師匠

なぜ指導者は必要か

最後のテーマは「師匠」に関するものです。これは実は禅にとって核心的テーマです。さきほど、坐り方を描写しました。それに従って坐れば、特に指導者は必要ないように思われるかもしれません。あるいは、きちんと坐れているか、誰かこの道の先輩にでもチェックしてもらえば、それで十分とも思われます。

たしかに、健康のためとか、自分を落ち着かせるために一日に五分とか十分坐る程度なら、指導者まして師匠は必ずしも必要ないでしょう。問題は、それ以上に追及したいという願いが起こった時です。この時には、指導者があった方がよい。たとえそれが、さきほどの分類では、「定力禅」に属する動機づけであっても、指導者があった方がいいと言わざるを得ません。すでに、「魔境」についてお話ししました。これは、人によってはかなり早期に現れます。自分に起こったことが何であるか、信頼のおける指導者に説明してもらい、不安や恐れを無くして、安心して進めるようにしてもらうのは大事なことです。人によると、そうした魔境を間違えて勝手に「悟り」と解釈したりします。そうなると、決定的に誤ることになります。

　ましてや、坐禅の第二の果実を願い、「証悟禅」の道をいこうとするなら、師匠は不可欠です。それも、単に中立的な意味合いの「指導者」ではなく、この人の指導に従って最後までいこうとすることができるような、全幅の信頼を置くにたる師匠が必要です。道元禅師は厳しい教師で、「正師を得ざれば学ばざるに如《し》かず」（『学道用心集』）と言っています。正しい師匠が見つからなければ、坐禅はやるべきではない、と言うのです。

　そもそも「証悟禅」は、たとえて言えば数千メートルの山に初めて登るようなものです。そのような山は、自分では今まで登ったことがない。でも、なんとしても登りたいという時、この道を自らよく知っていて、他を導ける道案内がいなければ、命を落としかねないのは明らかでしょう。同時に、証悟禅を修めるのであれば、師匠の存在は、危険を回避するための単なる「安全弁」以上の意味があります。その存在自体が、実体的導きであり、命綱そのものであり、信頼と勇気の基盤なのです。この大船に身を託して、緊張しながらも安心して進むことができるのです。その師匠のいわば磁場で、初めて自分の限界をも超えるような飛躍力が発動されるのです。その意味で、師匠の存在は欠かすことができないのです。

師匠への信従

当然ですが、師匠に対しては、こと坐禅に関する限り、衷心から従うことが大原則です。この点では、民主的な大学のゼミナールなどで、開かれた心の教授が学生たちに始めから自分の説の批判を勧奨するのとは事情が違います。人は師匠の体験とそれが体現されている姿に惹かれて弟子になるわけですから、同じレベルに何としてもいきたいと思う時、その人の体験をまず批判する、という風にはならないでしょう。例えば、自分があるピアノ教師の弟子になる時、自分の判断でそうなったのであれば、その教師の弾き方や音楽性に感心し、感動して生徒になったわけでしょう。そして、できるだけその先生の体現しているものを受容しようとするのです。始めからそのピアノ教師の批判を始める弟子はいないはずです。道元禅師は大変ラディカルな人で、次のように発言しています。

……無上菩提《むじょうぼだい》を演説する師にあはんには、種姓を観ずることなかれ、容顔をみることなかれ、非をきらふことなかれ、行をかんがふることなかれ。ただ般若を尊重するがゆえに……。

（『正法眼蔵』「礼拝得髄」の巻）

「無上菩提を演説する」とは、本当の真実を説くこと。そういう師に会ったならば、と道元禅師は言っています。本物の師匠に会ったならば、その人の社会層（「種姓」とはカーストのこと）など問題にするな。人間的なルックスや、人格的な弱さや行動上の欠点は無視せよ。ただ「般若」つまり「無上菩提」のためにのみ、その人に徹底的についていけ、と言うのです。要するに、師匠を選ぶ時の最高の基準は、その師匠の法眼《ほうがん》であり、どれだけ徹底して本質の世界――つまり「法」――を見る眼があるか、ということだけだと言うのです。なかなか素直には受け取れないかもしれませんが、自分の求めるものが「証悟禅」であり、それが自分にとって極めて重要である時、それを見せてくれる師匠がいるというならば、たとえその人が人間的に見て欠点があり、人格的に完成はしていなくとも、その人についていけ、と言うのです。ある程度は頷けるのではないでしょうか。

もっとも、そのような「眼」をもった師匠が、今の日本で、どこにどれだけいるのか、となると問題です。そもそも、曹洞宗では、そうした意味の弟子をとって独参《どくさん》(後出一〇〇頁参照)による個人指導をすることを組織的に廃止してしまっているので、残念ながら――ごく少数の例外を除いては――あまり視野に入らないでしょう。ですから、多くは曹洞宗以外の宗派が問題になるわけですが、僧籍にはない、いわゆる在家《ざいけ》の人を弟子として受け入れ、責任をもって独参指導してくれ、弟子を本当の証悟に導いてくれる師匠がどこに、どれほどいるか――もしかしたら今の日本では大変少数になってしまっているのかもしれません。しかし本当に求めれば、かならず道は開けるでしょう。また、ごく近い将来の可能性の一つとしては、そうした師匠を外国に求めることも起こるかもしれません。日本から外国へいって禅の指導を乞う、いわば「禅留学」が現実になる可能性は、否定することができません。

師匠との相性

話を師匠への信従というテーマに戻します。師匠には衷心から従うと言いましたが、そうは言っても人間同士ですから、どうしても波長が合わなくなったり、まずい事態に落ちこんだりすることもあります。そのために、禅の歴史の中では、思い切って師匠を替えるということも許されています。その時には、はっきりとこれまでの師匠に申し出て許可をもらいます。そして他の師匠にいく時には、これまでの師匠は原則としてそれを許し、その新しい師匠になるべき人物に紹介状をすら書く場合もあります。「来るを拒まず、去るを追わず」が原則なのです。そして、師匠を替える側としては、新しい師匠についたら、それまでの師匠から学んだことはすべて棚上げし、新しい師匠の指導に全面的に従うのでなければなりません。少なくとも、建前上はそうなっています。この辺に、禅の世界の峻厳さと同時に、そのプラグマチックな自由さを見るべきでしょう。

弟子になることの最終課題

しかしながら、最後に次のことを言わなければなりません。弟子になるということの本質から言えば、ただ最後までその先生に従っておればよいわけではないのです。そうであれば、その弟子は決して教師以上の者にはならず、やがて全体の質は降下し、最終的には滅んでいくでしょう。したがって、禅の伝統の中に、次のような言葉があるということは、禅が師弟関係についていかに醒めた健全さと厳しさとを保持しているかを示す好例だろうと思います。

見、師と斉《ひと》しければ師の半徳を減ず。
智、師に過ぎて方《はじ》めて伝授さるるに堪えたり。(6)

これは伝統的に、百丈懐海《ひゃくじょうえかい》（七二〇―八一四年）の言葉とされています。意味は、「自分の見解が師匠のそれと同じであれば、それはその師匠の徳を半減させることになってしまう。自分の見解が、師匠のそれを超えて初めて、その師匠の道を伝える資格ができる」というものです。優れた師匠の弟子になるということは、その師匠に絶対服従して学びの道を進みつつも、最後にはその師匠を超えるべきことを課題として自分に課す、ということなのです。逆に師匠の方からすれば、自分を超える弟子を作って初めて、一人前の師匠になる、ということです。この意識の透徹さは、脳裏に刻み込んでおきたいものです。

もっとも、これは禅以外でも、例えば芸や武道の世界でも「守《しゅ》、破《は》、離《り》」として教えている原則とほぼ一致します。「守」は師匠の言うことを学び、守ること、「破」はそこから飛躍すること、そして最後の「離」は師匠から離れることです。ただ、先の百丈懐海の言葉は、最終段階を単に「離」とせず、師匠を明らかに超えていくというところを視野に入れている点が特別かも知れません。

相見と独参

では、どのようにして師弟関係は成立し、また進んでいくのか。師弟関係を結ぶ機会は、「相見《しょうけん》」と呼ばれます。これには一定の儀式というか、決まりがあるのが普通ですが、それはそれぞれの道場で教えてもらえるでしょう。この「相見」の時に、初めて個人指導を受け、どのような修行方法を採るかが決定されます。

それ以降は、折に触れて「独参《どくさん》」と呼ばれる機会を通じて、指導が行われます。それには「独参室」に入り、師匠と一対一で面して、指導を乞います。それが「参禅」と呼ばれる事態です。独参では、禅に関すること以外は話題にしません。個人のカウンセリングではないし、ましてやビジネスや趣味の話をする場ではありません。なお独参室に入って、そこから出てくるには、一定の儀式がありますが、今回はその説明は省略します。その場面になったら、しかるべき人から指示があるはずです。

何はともあれ、独参における個人指導は、坐禅そのものと並んで、禅の核心的事柄であることをもう一度強調しておきます。「独参」なしには、参禅は成就しないのです。

終わりに

以上で「坐禅入門」の話を終わります。これで大体の輪郭が把握できたら、ぜひ自分でも坐ることを始めてみたらいかがでしょう。そしてやや深いところまでやってみたいと思うなら、誰か適切な指導者を見出して、この道を進んでいただきたいと思います。そして最終的には、坐禅の醍醐味に出会い、存在していることの素晴らしさと深さとを無限に体験して頂きたいと思います。また、そのように道が開けていくことを強く望んでいます。

注

（1）正確に言えば（二〇一六年四月現在）、「三宝教団」から「三宝禅」への改称を申請中。近いうちに文化庁より承認される予定。本書では先取りして「三宝禅」と書く。

（2）『岩波仏教辞典』「禅」、四九六頁。その他、「心を安定・統一させることによって宗教的叡知に達しようとする修行法」（『広辞苑』「禅」）。「心を一つの目的物にそそいで、心が散ったり乱れたりすることを防ぎ、智慧を身につけて真実の理にかなう修行法」（中村元『広説仏教語大辞典』「禅」）等の説明参照。

（3）大森曹玄（訓註）『禅宗四部録』其中堂、一九六七年、最終章所収の「坐禅儀」（一—一八頁）による。以下、臨済系「坐禅儀」の引用は同様。

（4）『正法眼蔵』「坐禅儀」（川村孝道校訂・註釈『道元禅師全集』第一巻、春秋社、一九九一年、一〇〇—一〇一頁所収）参照。以下、道元禅師の「坐禅儀」の引用は同様。

（5）『正法眼蔵随聞記』水野弥穂子訳、ちくま学芸文庫、一九九二年、七一頁。

（6）『碧巌録』第十二則本則の評唱、および第四十六則頌の評唱（入矢義高・溝口雄三・末木文美士・伊藤文生訳注、岩波文庫、上一七〇—一七一頁、中一五四—一五五頁）。

テキストの読み方

――本質といかに出会うか――

はじめに

本章では、文法上のいわゆる〈人称〉をメタファー的に応用することによって、「テキストの読み方」ないしは「テキストとの出会い方」を一定の観点から方法論的に反省し、その読み方ないしは出会い方の類型論を提示したい(1)。その際、「テキスト」と言うのは、言葉によって表現されているもの一般を広く指している。したがって、それは一冊の本の場合もあれば、たった一つの言葉の場合もある。共通しているのは、それが言語的表現であり、それを読んだり聞いたりすることによってなんらかの意味でそれを肯定的に受容する、という事態があるという点である。多くは無意識的に遂行されるそれらのあり方を、「テキストの読み方」として意識的に考察してみたいのである。それによって、聖書や禅のテキストをいかに読むか、また読むことが可能かという問いかけに対して、間接的に答え得ることを願う。

本章の主旨は、「読み方」には大別して四通り、詳しく見れば六通りあるというものである。すなわち、一人称的、二人称的、三人称的、ゼロ人称的の四通り、さらに一人称と二人称に存在するもう一つのタイプをそれぞれ加えると六通りというわけである。

1　一人称的読み方・タイプ1

最初の「一人称的読み方」は、二様に考えられる。ここでは「タイプ1」のみに言及する。これは、最も当たり前の読み方と言える。或るテキストを、自分の嗜好にしたがって読み、読んで自らの滋養にする、あるいは広く言えば楽しむ、というものである。主体は、対象を自由に選んで読む〈私〉にある。「あなたはどんな本を読むのが好きですか」「そうですね、私は……が好きで、よく読みます」という具合の読み方である。したがって文字どおり、「一人称的読み方」と言える。最も常識的な読み方であるが、読み方というものの内奥のダイナミズムはまだ発動していないか、潜在的にうごめいている程度の読み方である。

2　三人称的読み方

次に提示する読み方は、「読む」ものを知的探求の対象として、あるいは持続的な研究の対象として扱う仕方である。これは、多くの場合、〈私〉自身の嗜好性を禁欲的に棚上げし、あくまでテキストという対象の真実に客観的に迫ろうとする意志の作業である。したがってこれを「三人称的読み方」と名づけたい。

これはいわゆる「学問的」な読み方のすべてに妥当するものである。古くは、西洋古典に対する注釈ないし本文批評の学がすでにこれに該当しよう。中国における訓詁学も同様である。あるいは、「学問」とまではいかずとも、次のような『使徒行伝』の例を参照されたい。

この町のユダヤ人は、テサロニケのユダヤ人よりもまともで、御言葉を非常な熱心さをもって受け入れ、その通りかどうかと、日々聖書を調べるのであった。

（『使徒行伝』一七章11節）

これはパウロの宣教を聞いたベレアのユダヤ人の態度について述べたものだが、彼らの研究熱心さが興味深く証言されている。パウロの言ったことが果たして本当に聖書によって支持されるのか否か——それを自らの目で確認せずにはいないという読み方自体が、上記の「三人称的」読み方につらなると判断されよう。

私見では、この読み方の最も典型的な担い手の一つは、現代の「聖書学」である。聖書学とは、歴史学・文献学を基本に据えながらも、政治学・社会学・人類学・文芸学・心理学などの人文諸科学を方法的に援用しつつ、聖書の事実・真実を総合的に解明しようとする学問のことである。何故にこの方法が聖書に必要となるかと言えば、第一義的には、聖書には相互矛盾やそのままでは理解できない言葉や事態があまりにも多く、道案内なしには読めない代物だからである。とりわけ、現代人にとっては、事柄を人間の現実として、まずは理解することを抜きにはそれに接近できない。いわば聖書学の啓蒙的機能が不可欠なのである。さらには、二千年以上も前の聖書の事実を解明するためには、テキストや事柄を批判的・吟味的に見る必要性が生じる。その際、いわゆる「信仰」の要請や教会の「権威」からくる伝統的論理などを一旦棚上げし、冷静に吟味的に遂行することが必要となる。しかし同時にこれは、これにかかわる主体としての研究者にとっても、「自己批判」への備えを要請する。三人称的研究で明らかになる対象の実態は、研究者の主観的な嗜好や希望的結論に反する場合が少なくなく、それすらも公平に受け取ることのできる心構えが求められるからである。

したがって、こうした三人称的・研究者的読み方は、近代的自我および歴史的意識の出現とともに、その地平を全開するに至ったと言えるであろう。これは古代では必ずしも一般的ではなかった読み方かもしれないが、現代においては最も普遍的な妥当性を主張できる読み方でもあろう。もっとも、現代の読者であっても、対象の吟味が自己の批判・吟味につらなるという、この読み方の急先鋒に不慣れな人々にはあまり好まれない読み方であるかもしれない。聖書学をいまなお「悪魔の学」などと断罪するという声は、そうした部分から聞こえてくるものであろう。*

＊　もっとも、「客観的」な「三人称的」読み方と言っても、その「客観性」自体に主観的な判断がいつの間にか入り込んでしまうことは常にあり得る。「イエス論」は聖書学者の数だけある、と言われる所以である。また、後に述べる「ゼロ人称」からすれば、そもそも原理的に「三人称」なるものが成立するのか、という問いもある。しかしここでは、一般に妥当する事態の捉え方という次元で語るので、こうした問題には深入りしない。

3　二人称的読み方

次の読み方は、対象をいわば実存的対話の相手として扱うものである。あたかもこの〈私〉に面する相手と対面するようなイメージが生じるため、「二人称的」読み方としたのである。

つまり、私（一人称）の側が強い興味や問題性を感じる対象やテキスト（二人称）と出会った場合、その対象はその私に対してまるで固有の関係があるかのように、一種の排他的とも言える集中性をもって迫るのである。こうした読み方は決して近現代に始まったことではなく、古代からいままで、いつの時代にも存在したものである。これには二通りの型がある。

二人称的読み方・タイプ1

一つの型は、対象（二人称）がすみやかにあたかも私（一人称）の一部になり、また私がまるで対象そのものになる場合である。いわば対象と私が相互滲入する。これは、H－G・ガダマーの「地平の融合[2]」（Horizontverschmelzung）に倣った言い方をすれば、「人称融合」（Personenverschmelzung/fusion of persons）とでも言うべきものであろう。

この例としては、私事で恐縮だが、一九八四年一〇月始め、私がダグ・ハマーショルドの『道しるべ[3]』（Vägmärken）に出会った時が挙げられる。この悲劇の国連事務総長が自らのために書き綴っていた文章の集積は、その時の私には、まるで自分が自ら書きつけたかのように、あまりにも私自身の内奥に近い言葉として私の中に降ってきた。その時の私は、感動を通り越して、ほとんど悪寒のようなものに襲われた。このような出会いは、「二人称的読み方」の典型のように思える。

もちろんそれ以外にも、自らの興味に沿ってさまざまなものを読んでいる（「一人称的読み方・タイプ1」）際に、あるテキストが自分の中に突然親しく語りかけるように、忘れがたい強烈な印象を残すとすれば、それもこの種の読み方に突然移行したことになろう。これは、読者の実存的次元に対する深甚なインパクトを特徴とし、気ままに逍遥するかのような「一人称的読み方・タイプ1」とも、対象研究的な「三人称的読み方」とも、明らかに一線を画するものである。しかしながら、このようなテキスト受容のあり方は、その主体にとってかけがえのない魂の糧を具えているので、単に「主観的」という言葉では片付けられない意味性を有する。ちなみに、ルカが物語るエマオ途上の弟子たちの有名な言葉にも、それが反映している。

あの方が道すがら我々に話しておられた時、我々に聖書を詳しく説いておられた時、我々の中でこの心が燃えていたではないか。

（『ルカ福音書』二四章32節）

二人称的読み方・タイプ2

この「二人称的読み方」のもう一つの型は、対象（二人称）が、最初の型のようにスムーズに、いわば好意的なヴェクトルをもって私（一人称）の中に入ってくるというものではない。むしろ、抜き差しならぬ疑問性ないしは悩ましい問題として、いわば非好意的に私の意識の中に常駐してしまう場合である。忘れてしまうことができればそれでもいいのだが、どうしても気になる、あるいは無視できぬ課題を感じるという具合に、未解決の意識が私に平安を与えないかたちで常に残存するのである。そのような状況で、望むと望まないとにかかわらず——禅の言葉で言えば——そのテキストが疑団《ぎだん》（心中にわだかまって解けない疑念と化すこと——『広辞苑』）化することによって、対象との深部における取り組みが始まるのである。これは「人称融合」と言うより、「人称侵蝕」とでも言うべきプロセスかもしれない。私（一人称）が対象（二人称）によって侵蝕されるような映像だからである。

そうすると、どういうことになるか。多かれ少なかれ悩ましい意識の中でこの格闘が進むと、対象（二人称）と私（一人称）の「人称融合」ないし「人称侵蝕」がますます進行し、ある時点で飽和点に達する。場合によっては、二進《にっち》も三進《さっち》もいかなくなり、その際の意識が白紙化するまでにすら至る。こうして時が熟すると、何かのきっかけで突然、事柄の真の次元が開示され、初めて深く腑に落ちて納得する、というかたちで決着点に達するのである。

禅の世界から

このような「読み方」は、実は禅の世界には大変多い。臨済系の禅には「看話禅《かんなぜん》」と呼ばれる「公案」教育があるが、それはいわばこの「読み方」を方法論的に練り上げたものである。一般的に言って、弟子は師家《しけ》から公案を与えられ、それを何としても「解く」ことが求められる。しかし公案はどれも、理性では決して解けないようになっている。そのために弟子は四苦八苦するのであるが、そのプロセスを通して、その公案と自分との区別がつかないまでに「融合」が生じてしまう。あるいはその公案に自分が「侵蝕」されてしまうのである。そしてこの融合ないしは侵蝕がある時点で極点に達すると、何かの契機でその公案が突然、まったく新しく開けるのである。

例えば、九世紀後半に香厳智閑《きょうげんちかん》和尚（?—八九八年）という僧がいた。彼は有名な師匠の潙山霊祐《いさんれいゆう》禅師から、「父母未生《ぶもみしょう》の時、試みに一句を道《い》って看よ」という公案をもらった。「お前の父母が生まれる前の時の一句を何か言ってみよ」という問いである。香厳はさっぱりわからない。しかし師匠は答えを教えてはくれない。すっかり絶望した香厳は、持っていた書籍をすべて焼き払い、「泣いて潙山を辞し」、或る深山に一人籠もってしまったという。しかしそれでも、「父母未生時の一句」とは何か、と問い続けたのであろう。ある日、外で草木を刈っていた時、たまたま瓦礫を投げ捨てたら偶然にも向こうの竹に「カチーン」と当たった。その瞬間、鮮明な本質世界が現成《げんじょう》したのである。彼は師匠の潙山和尚がいる方角に向かって拝をし、師匠が以前、自分に答を容易に教えてくれなかったことを心から感謝したという(4)。

もう一つ例を挙げれば、『無門関』の著者の無門慧開《むもんえかい》和尚（一一八七―一二六〇年）である。彼は師匠の月林師観《げつりんしかん》和尚から有名な「趙州無字《じょうしゅうむじ》」の公案をもらった。それは以下のようなテキストである。

趙州和尚、因に僧問う、「狗子《くし》に還《かえ》って仏性有りや」。州云く、「無」。

ある時、一人の僧が趙州和尚に問うた、「犬にも仏性があるのですか」。趙州は「無」と答えた。では、この「無」とは何か。それが無門には判らず、柱に頭を打ちつけるまでに苦悩すること六年。ある時、寺で昼食を告げる太鼓の音を聞いたとたん、ガラリと開けたという。そこからして、彼が後日『無門関』中に自ら書いて後輩たちに告げるには、

三百六十の骨節と八万四千の毛穴を総動員して、からだ全体を疑いの塊りにして、これの無の一字に参ぜよ。昼も夜も間断なくこの問題をひっ提げなければならない。あたかも一箇の真っ赤に燃える鉄の塊りを呑んだようなもので、吐き出そうとしても吐

き出せず、そのうちいままでの悪知悪覚が洗い落とされて、時間をかけていくうちに、だんだんと純熟し、自然と自分と世界の区別がなくなって一つになり、唖の人が夢を見たようなもので、ただ自分ひとりで嚙みしめるより外はない。……ともあれ持てる力を総動員して、この無の字と取り組んでみよ。もし絶え間なく続けるならば、あるとき、小さな種火を近づけただけで仏法のともしびが一時にパッと燃え上がることだろう。(5)

つまり、禅の公案とは、この「二人称的読み方・タイプ2」をラディカルに応用したものなのである。

キリスト教の世界から

もっとも、これは決して禅の世界だけではない。例えば、新約聖書の使徒パウロの「回心」の出来事も、おそらくこの類の事件ではないかと思われる。彼は周知のように、始めはエルサレムを追われたイエスの信奉者たちを迫害していた。それは、彼らがユダヤ教の律法《トーラー》を否定する輩であると、当時の彼には思われたからである。具体的には、シナゴーグで彼らを尋問し、むち打ちの刑に処した（『申命記』二五章2－3節参照）、という類の迫害だったであろう。しかしそうした行為に及ぶ前に、彼はイエス信奉者たちを尋問したに違いない。そしてその時、杭殺柱（「スタウロス」〔原義は「杭」〕をこう訳してみる。一般にいう「十字架」、しかし形はおそらくT字型）で殺されたイエスこそメシアであるという類の証言を彼らから繰り返し聞いたはずである。これはパウロにとっては、「躓《つまず》き」であり、「愚劣」そのもの（『コリント人への手紙一』一章23節）であったが、同時にどこかで奇妙な問題意識となって彼の意識下に突き刺さったのではないだろうか——「なんという馬鹿なことをほざく輩だ……」。そしてこの問題意識が、迫害のたびごとに奇妙に増幅され、とうとうある時、ダマスコの近くで飽和点に達し、破裂してしまったのである。それは、杭殺柱に架けられたイエスの姿が彼の心の映像に突如強烈に浮上した、その瞬間だったように思われる。

ただしこれは、実はパウロだけではなく、「神」とか「キリスト」とか「罪の赦し」だとか「地獄」だとかいう、キリスト教の中核的な言語にいつしか問題を感じ、それに悩み続けた挙げ句、ある時、何かが開けた、という体験を持つ多くのキリスト者に共有される体験でもあろう。

もう一つ、現代の例を挙げておこう。詩画家の星野富弘氏であるが、彼は一九四六年四月、群馬県で生まれ、一九七〇年四月、高崎市の中学校に体育教師として赴任するものの、同年六月、クラブ活動の指導中、鉄棒から落下して頸髄を損傷し、手足の自由を一瞬にして失ってしまった。しかしそれでも、口に絵筆をくわえて詩画を書くことを身につけ、創作活動に入った。まず引用するのは、星野氏の高校時代（一九六二―六四年頃）における、ある出会いの描写である。

私の家の畑は、だんだん畑で、汗まみれになって肥料を背負いあげる割には、たいした収穫はなかった。その日も、いつものように土に鼻をくっつけるように、細く急な道を登っていると、突然真白い十字架が目の前にあらわれた。そこは小さな墓地で、十字架は建てられたばかりで真新しく、掘りかえされた土の上には花束が添えてあった。十字架のおもてには筆で短い文字が記されてあった。

「労する者、重荷を負う者、我に来たれ」

思えばこれが私と聖書の言葉との最初の出会いだった。私はしばらく立ちどまり、声に出して読んでみた。心に何かひびくものを感じた。それは、そのときの私が汗びっしょりの「労する者」であり、豚の生あたたかい堆肥の「重荷を負う者」だったからである。しかし「我に来たれ」とはどういう意味なのだろう……。畑仕事をしながらも、それからずっとのちまで、その疑問が私の頭から離れなかった。

この出会いが後に、身体の自由を失った後で動き出すのである。

……私は自分がどこに向かっていくのか、なにに向かっていけばよいのかわからなかった。その不安が、まったく知らない人のいる泌尿器科に移ってさらに大きくなり、おしつぶされそうになりながら、私は心のよりどころを求めていた。そんな私の耳もとを時々、風のようにささやいていく言葉があった。

「労する者、重荷を負う者、我に来たれ」

それは、郷里の家の裏の墓地に立っていた白い十字架に書かれてあった言葉だった。不思議なほど覚えていたその言葉を、おそるおそる開いた聖書の中にみつけたとき、私がまだ健康でなにも知らないで飛び回っていた頃からすでに、私にこの言葉を与えてくれていた、神様のこころを知ったような気がした。

「すべて、疲れた人、重荷を負っている人は、わたしのところに来なさい。わたしがあなたがたを休ませてあげます。わたしは心優しく、へりくだっているから、あなたがたもわたしのくびきを負って、わたしから学びなさい。そうすればたましいに安らぎがきます。わたしのくびきは負いやすく、わたしの荷は軽いからです」（『マタイ福音書』一一章28－30節）。

この神の言葉にしたがってみたいと思った。クリスチャンといえる資格は何も持っていない私だけれど、「来い」というこの人の近くにいきたいと思った。

（一九七三年七月十日）

これは、私見では、「二人称的読み方・タイプ2」の美しい例である。この後彼は、一九七四年十二月に受洗した。

日常の飛躍的発想の例

さらに言えば、この型の読み方は、私たちの日常生活の中で、或る具体的な問題に突き当たり、出口がまったくない状態で悩み続けた時に突如生じる、新しい解決の開け方にも通じる構造を持っている。

例えば、二〇〇〇年三月から二〇〇五年十二月まで、NHKで放送された人気番組として、「プロジェクトX――挑戦者たち」というものがあった。これは、第二次世界大戦後の日本の社会ないし産業界で、場合によっては名前はまったく表に出ないが、しかし革命的なアイディアと行動力で記念碑的業績を残した人々のドキュメンタリーであった。その番組の場合、二百回近くを見ているとわかるが、それらのケースには一つの類型がある。つまり、まずとてつもない問題が生じ、解決がまったく不可能のように見える事態が到来する。それに取り組んでいる人々は、ほとほと困り果て、ほぼすべてを放擲《ほうてき》する寸前までいってしまう。するとある時、まったく思いがけない時分に思いがけない仕方で、解答が降ってくるのである。たしかにこれは、新しいものを「発明」する、あるいは「発見」する時、あるいは運動選手などが出口無しの「スランプ」から突然這い出る時、最もよく見られる飛躍の形態なのであろう。つまり、「二人称的読み方・タイプ2」とは、人間の創造的な意識の飛躍という、いっそう広汎な精神現象の具体的な一形態であろうと思われる。

4　ゼロ人称的読み方

次の読み方は、実は「読み方」とはもはや言えないかもしれない。なぜならば、あるテキストが新しい世界を唐突に開示する主体として、「私」の側に勝手に襲来する場合だからである。それによって、自己の全身全霊があっという間に呑了され、変貌させられてしまう。その瞬間は、自分がいわば消滅すると言ってもよい。啞然とさせられたままになってしまうからである。有るのは対象だけで、「人称」の壁が一瞬消滅してしまうのである。これは「人称融合」(fusion of persons) でも「人称侵蝕」(erosion of persons) でもなく、

「人称脱落」(dropping-off of persons) と言うにふさわしい。そのために、これを試みに「ゼロ人称」と名づけてみたのである。

これは主として、自己の危機的状況において発生するように思われる。そのプログラム化は残念ながら不可能と言ってよい。しかし一旦この体験が生じた後は、ほぼ間違いなく、まったく新しい世界理解、新しい自己理解が噴出するのである。

もちろん、さきほど見た「二人称的」な読み方のタイプでも、最終的にはこうした自己の全き変貌に移行する場合がある。特に「タイプ2」で見た、公案との悪戦苦闘とその後の「大悟」などの場合はそうである。したがって、「二人称的」な読み方の極端な形態と「ゼロ人称的」な読み方との間には、場合によっては流動的な移行があり得る。しかし、「ゼロ人称的な読み方」は、猶予の時も吟味・検討する間もなく、いわば私を唐突に襲うという仕方でやってくる点が独特なので、独自にこの項目を立てる。

キリスト教の世界から

一つの典型例は、アウグスティヌス(三五四―四三〇年、回心は三八六年、三十二歳)の回心である。その『告白』から引用しよう。

私は……心をうちくだかれ、ひどく苦い悔恨の涙にくれて泣いていました。すると、どうでしょう。隣の家から、くりかえしうたうような調子で、少年か少女か知りませんが、「とれ、よめ。とれ、よめ」(tolle, lege) という声が聞こえてきたのです。……私はどっとあふれでる涙をおさえて立ち上がりました。これは聖書をひらいて、最初に目にとまった章を読めとの神の命令にちがいないと解釈したのです。……そこで私は、いそいで、アリピウス〔＝友人〕のすわっていた場所にもどりました。そこに私は、立ち上がったときに、使徒の書を置いていたのです。それをひったくり、ひらき、最初に目にふれた章を、黙って読みました。「宴楽と泥酔、好色と淫乱、争いと嫉みとをすてよ。主イエス・キリストを着よ。肉欲をみたすことに心をむけるな」(『ローマ人への手紙』一三章13－14節)。私はそれ以上読もうとは思わず、その必要もありませんでした。というのは、この節を読み終わった瞬間、いわば安心の光とでもいったものが、心の中にそそぎこまれてきて、すべての疑いの闇は消え失せてしまったからです。

（『告白』八巻一二章。山田晶訳を若干調整）

つまり、アウグスティヌスにとっては、『ローマ人への手紙』一三章13－14節が、こうした機能を果たしたのである。それは、その言葉を咀嚼する余裕などなく、彼を襲い、彼の自意識を「安心の光」の中で瞬時に溶解してしまったのである。

禅の世界から

こうした例は、禅の歴史にも少なくない。例えば、有名な六祖・慧能《えのう》禅師は、若き頃、通りである人が『金剛経』を読誦するのを聞いただけで、「慧能一聞、心便《すなわ》ち開悟す」(6)と言われている。この体験があって初めて、彼は五祖・弘忍《ぐにん》禅師（六〇二—六七五年）の許に赴き、やがて六祖となるのである。

また、『無門関《むもんかん》』二十三則には、六祖に任じられたこの慧能禅師を捕まえようと追いかけてきた明上座《みょうじょうざ》という人物が、慧能禅師の言葉——「不思善《ふしぜん》、不思悪、正《しょう》よもの時、那箇《なこ》か是《こ》れ明上座が本来の面目」——を聞いたとたん、「明、当下に大悟す」とある。「善をも思わず、悪をも思わず、まさにその時、あなた明上座の本来の顔とはどんなものか」という問いで、瞬時に破裂したのである。

そもそもこうした「ゼロ人称」的読み方が生起するということは、そう多くあるものではない。人生の中で、一回あるかないかであるか、あるいはそれよりもさらに稀ですらあろう。しかし、こうした事件は存在するし、それはまた「三人称的読み方」にも「二人称的読み方」にも、ましてや「一人称的読み方」にも解消できない独自性を持つので、「ゼロ人称」として別途に扱ったのである。しかし、すでに述べたように、公案による「二人称的読み方」が熟して炸裂し、「ゼロ人称」的結果に移行するのは大いにあり得ることも、ここで再確認しておきたい。

5　一人称的読み方・タイプ2

次に挙げるのは、「一人称的読み方」のもう一つのタイプであるが、最初に挙げた「タイプ1」とは根本的に異なるものである。実のところ、これは狭義の「読み方」からは外れるかもしれない。つまり、或るテキストに出会い、それを上記の「二人称的」に、あるいは「ゼロ人称的」に読んだ後、その主体が当のテキストの意義をその後長く生活ないし人生において証しし、あるいは実行に移す、という側面を取り上げたいのである。その意味で、「一人称的」なのである。これはそのテキストがその人に及ぼした作用ないし影響という意味で、個人的「作用史」あるいは「影響史」（ドイツ語で Wirkungsgeschichte）と言われ得る。つまりこれは、「読み方」とは言っても広義の意味の「読み方」にならざるを得ないが、テキストを読むということは、この側面まで考慮して初めて完結するのではあるまいか。つまり、人はテキストを、「一人称的」に、主体的に、担い、行証《ぎょうしょう》するのである。読んだ体験の行為化・生活化と言ってもよく、それによって「読む」体験が――少なくともその最も深い核心が――真に現実化するのである。

禅の世界から

これは、禅の目標が、真実の世界を徹見《てっけん》しつつそれを最終的には現実化することにあるのであれば、当然予想できる姿である。今一つの具体例として、大梅法常禅師《だいばいほうじょうぜんじ》（七五二―八三九年）の例を挙げよう。彼は、有名な馬祖道一《ばそどういつ》禅師（七〇九―七八八年）の弟子となった。

初め大寂（＝馬祖）に参じて問う、「如何なるかこれ仏」。寂曰く、「即心即仏」。師（＝大梅）、即ち大悟す。(7)

これが事実であれば、前記の「ゼロ人称的読み方」の典型例のようなものである。「心がそのままで仏である」という師匠の発言で、あっという間に悟ってしまったからである。この後、大梅は自らの研鑽のために人知れず山に入った。幾時か経って、その居場所がわかり、馬祖は他の弟子を送って大梅に問わせた。「最近、馬祖和尚は、異なった風に仏法を説いていますか」、「いかようにか」、「『非心非仏』（心でもない、仏でもない）と言っておられます」。すると大梅は言った、

這《こ》の老漢、人を惑乱して、未だ了日有らず。さもあらばあれ、非心非仏なることを。

我れは祇管《しかん》に即心即仏なり。

「馬祖和尚はそのような言辞を弄して弟子たちを惑乱させている。私に関しては、ただ『即心即仏』で何の不足もない」ということである。この報告を受けた馬祖は、

梅子、熟せり。(8)

と語ったという。「大梅よ、成熟したな」という承認の言葉である。

この解釈には細かい意見もさまざまにあろうが、とにかくも大梅にとっては、「即心即仏」の一語を徹底して読み、それを行証することが一切であったと言えよう。たとえ自分の恩師が異なるテキストを持ってきても、おかまいなしだったのである。

もう一つの例は、文字を「読む」という行為には厳密に言えば当たらないかもしれないが、この関連で言及するに価しよう。唐は九世紀頃、倶胝《ぐてい》和尚（生没年不詳）という人がいた。ある時、上に述べた大梅法常和尚の法を嗣《つ》いだ天龍和尚（名前も生没年も行履も不詳。

杭州の人という）が倶胝の寺を訪れた時、天龍和尚が一本の指を掲げたその瞬間に彼は頓悟する。そしてその後、自らもこの教化法を用い続けた。

凡そ詰問《きつもん》有れば、唯《ただ》一指を挙《こ》す。

（『無門関』第三則）

つまり、人から仏道に関して何かを問われると、いつでも何も言わず、ただ一本の指を掲げるのみであったという。そして臨終の時、倶胝は次のように言ったと言われている。

吾れ天龍一指頭の禅を得て、一生受用不尽。

（同右）

私は天龍和尚から一指頭の禅を得て、一生それを使い続けてきたが、使い果たすことはまったくあり得なかった、と言う。つまり、「一指禅」を読み解き、展開するその行証の道の奥深さには、限りというものがなかったのである。

キリスト教の世界から

パウロは前述のように、「イエスの杭殺刑」（十字架）という言葉に「二人称的読み方・タイプ2」的に出会い、それによって彼自身の人称が崩壊する体験を得、イエスの「弟子」になったと思われる。その後の彼の生涯は、その「イエスの杭殺刑」をよりいっそう深く読み抜く生活であったと言えよう。彼は自分を「イエスの焼き印を身に帯びている」（『ガラテヤ人への手紙』六章17節）と称し、次のように語っている。

私たちは、常にイエスの殺害をこの身に負って巡り〔歩い〕ているが、それはイエスの生命《いのち》もまた、私たちのこの身において明らかにされるためである。なぜならば、私たち生ける者は、イエスのゆえに、常に死へと引き渡されているからであり、それは、イエスの生命もまた、私たちの〔この〕死ぬべき肉において明らかにされるためである。

（『コリント人への手紙二』四章10－11節）

これを要するに、生涯をかけて「イエスの杭殺刑」を「一人称的」に読み取り、担い切ったものと言えよう。

さらに付加すれば、同様のことは、実はナザレのイエス自身に関しても言えよう。彼は、自分に開かれた現実を、それまでの伝統的表現にならうかたちで「神の王国」と言い（ことによると、師であったバプテスマのヨハネから教わった表現かもしれない）、また「お父さん」（アッバ）と呼んだ。そしてその現実を自らの身で証ししていった果てが、あの杭殺柱にかかって命を落とす事件であった。言葉を換えれば、イエスは「神の王国」を読み抜き、「二人称的」にそれを担い抜いたのである。

6 「聖霊による聖書解釈」は可能か

こうして、ようやく「聖霊による聖書解釈」の是非という、今回のシンポジウムの主題に至ったことになる。思うに「聖霊」とは、キリスト教の専売特許のようなもので、ヘブライ語聖書には存在しない。ヘブライ語聖書には「霊」ないし「神の霊」しか出てこないからである。したがって、「聖霊による……」という場合、正確には「聖霊」と「（神の）霊」とはどこが違うのか、という議論がまず必要であろう。しかし、私はここでそれに取り組む準備も関心もないので、単に「霊」的解釈と以上の四種の「読み方」とのかかわりについて言及したい。

私にとっては、前記のように、「二人称的読み方」ないし「ゼロ人称的読み方」の場合に生じる「人称融合」「人称侵蝕」および「人称脱落」を「霊」の働きと呼ぶというのであれば、それは十分に理解できる。人間が物事を理解する構造の深層に潜む、いわば人智を超えたエネルギー活動を「霊」というに過ぎないからである。それは単にネイミング（命名）の問題である。さらには、「一人称的読み方・タイプ2」において、自分の人生を賭してその「読んだ」ものを実現していく際に、その主体に働く力性をあえて「聖霊」と呼ぶのであれば、これも理解できる。ちょうど使徒パウロが語ったような具合である。

もし私たちが聖霊によって生きているのなら、霊によって歩むようにもしようではないか。

（『ガラテヤ人への手紙』五章25節）

ただし、これらの場合は、「霊」なるものをいわば人間学的に理解する、換言すれば「非神話化」するという過程を避けては通れないと思われる。あるいは、そうした過程を通ってもなお、「霊」という語をあえて使うのであれば、それは一種の文学的メタファーとして使用することになろう。私としては、「霊」という場合、いわば普通人には接近不可能な彼岸からこちらに到来する或るもの、という観念がまとわりつき、それにはどこか危うい権威性を感じるので、自分の文章中に使うのは極力避けたい言葉である。むしろ私の関心を引くのは——とりわけ「二人称的読み方・その2」の場合——、どこまで問題が深く疑団化《ぎだんか》したか、それによって「人称融合」「人称侵蝕」が生じたか、そしてそのためにどれほどユニークに深層的解決が発火したか、である。そしてさらには、「二人称的読み方・タイプ2」において、どれだけ自らが生きることの重みを賭けて或る言葉の意味深さに肉薄できたか、である。

むすび

以上、テキストの「読み方」を四つにまとめて論じた。その四通りを表すに際して、以上においては「人称」という言い方をした。人称とは、英語で person と言う。これはラテン語の persona からきており、元来の意味は（演劇などの）「仮面、お面、マスク」である。つまり persona とは、真実が採るお面、その現れ方なのである。[9] と言うことは、人称としての person も同様に、真実の現れ方なのである。この「真実」を〈私〉が担えば「一人称」になり、この〈私〉に直接対する実存的な相手として向かってくるものとすれば「二人称」となり、距離をもって眺める仕方をすれば「三人称」となる、と言えよう。したがって、テキストを読む仕方に「人称」を適用するということは、テキストの真実が現れる仕様、およびテキストの真実が見られる仕様に、「一人称」的な相とか「二人称」的な相とか「三人称」的な相があるということを明らかにすることである。これらから、全体としては何が言えるであろうか。

まず、「三人称的読み方」の重要性である。これは、自己の見解を一旦棚上げし、対象検討および対象吟味を不断に継続するということであるが、これは自分勝手な解釈で終わらないために、特に重要である。聖書学の固有の意義もここにある。

次いで、「二人称的読み方」の価値である。これは、その中の「タイプ1」の場合は読む主体をして無限に豊かにするであろうから、自明とも言えることである。しかし同時に、「タイプ2」の読み方を自ら追求することも深い意義を持つ。問題を感じるテキストを放擲せずに、むしろ「疑団」の対象として、常に咀嚼し、それと一体になりつつ取り組むということである。そこから突然開ける地平の新しさに、テキストとかかわるということの一つの醍醐味があると言えるであろう。

また、「ゼロ人称的読み方」は、それがにわかに生起した時は、その体験に心を開き、誠実に対応するということが必須となる。ただし、これは方法にはならないので、追求することも困難であり、ただ可能性として知っておけばいいと思われる。

さらに「一人称的読み方」は、その「タイプ2」において、「読み方」なるものの最終的な課題、すなわち深い読み方で体験したものをこの現実世界で実現化・生活化することの必然性を明らかにする。これは「読み方」なるものの究極的な姿であろう。

「聖霊による聖書解釈」に対しては、「二人称的読み方」と「ゼロ人称的読み方」のエネルギー力学を「聖霊」の業《わざ》というのであれば、賛同できよう。また、「一人称的読み方・その2」において、読んだリアリティを自らの現実の生の中に行証していく力性を「聖霊」というのであれば、それも理解できよう。しかしそれらの場合は、「聖霊」という術語がいわば「非神話化」されて理解されているか、一種のメタファーになっている。要は、「人間」というこの深淵の底には、そのようなダイナミズムが潜んでいるということであろう。

注

（1）以下の論述は、筆者が二〇〇八年十月二十四日桃山学院大学にて、および同年十一月十八日北星学院大学にて行った、「現代における聖書の読み方」という講演の内容を基にし、それを二〇〇九年十一月二十九日上智大学で開催されたシンポジウム「聖書を読む」の中のテーマ「聖霊による聖書解釈」を念頭に置いて大幅に書き換え、拡大展開したものである。

（2）H.-G. Gadamer, Wahrheit und Methode. Grundzüge einer philosophischen Hermeneutik, Tübingen ^{2}1965 (^{1}1960), S. 289f, passim.（『真理と方法――哲学的解釈学の要綱』全三冊、轡田修他訳、法政大学出版局、二〇〇〇―一二年）。

（3）ダグ・ハマーショルド『道しるべ』鵜飼信成訳、みすず書房、一九九九年（新装版）。

（4）以上、『訓読五灯会元　中巻』能仁晃道訓読、禅文化研究所、二〇〇六年、二六―二七頁参照。

（5）以上、『無門関』西村恵信訳注、岩波文庫、一九九四年、二一―二六頁（現代語訳）。

（6）中川孝『六祖壇経』タチバナ教養文庫、一九九五年（元来一九七六年刊）、二四―二五頁。

（7）『訓読五灯会元　上巻』能仁晃道訓読、禅文化研究所、二〇〇六年、二六五頁。

（8）同書、二六六頁。

（9）稲垣良典『人格《ペルソナ》の哲学』（創元社、二〇〇九年、三七頁その他）では、こうした語源にはさほど触れることがないが、persona とは「人間における神的なるものを意味表示している」としている。

禅から見る「十戒」

はじめに

ユダヤ教には有名な「十戒」というものが存在する。基本的には、『出エジプト記』二〇章および『申命記』五章に載っている文章である。キリスト教もそれをそのまま踏襲している。「戒」とは「いましめ」という意味であり、人間を誡めるための箇条が十ある、と読める。しかし、ヘブライ語では 'ashret haddebarim (『出エジプト記』三四章28節、『申命記』四章13節、一〇章4節)、ギリシャ語で dekalogos であり、単に「十の言葉」の意味である。以下、これらの言葉の包括的な考察はさておき、禅の立場から見たらこれらの「十の言葉」の中核部分はどのように見えるか、を略述してみる。もとより、学術的な整合性や網羅性を目するものではない。一種の、自由なエッセイのようなものとして受け取っていただきたい。

十の言葉の数え方であるが、これが実は一様ではない。私は、ギリシャ正教や改革派教会などが採用している数え方が一番理にかなっていると思うので、それに従い、並べてみる。[1] その際、最も原初的な形態であろうと思われる形にならって、[2] 直訳調で提示してみよう。

第一戒（『出エジプト記』二〇章3節＝『申命記』五章7節）――「あなたにとっては、私の面前で、他の神々は〔存在し〕ない」。

第二戒（同二〇章4a節＝同五章8a節）――「あなたは、自分のために、像を造ることはない」。

第三戒（同二〇章7a＝同五章11a節）――「あなたは、ヤハウェの名をむなしく取り上げることをしない」。

第四戒（同二〇章8節≒同五章12a節[3]）――「あなたは、安息の日を覚える〔こと〕〔／守る〔こと〕〕」。

第五戒（同二〇章12a節＝同五章16a節）――「あなたは、父と母とを重んぜよ」。

第六戒（同二〇章13節＝同五章17節）――「あなたは、〔人を〕殺すことはない」。

第七戒（同二〇章14節＝同五章18節）――「あなたは、結婚破りをすることはない」。

第八戒（同二〇15節＝同五章19節）――「あなたは、盗むことはない」。

第九戒（同二〇章16節≒同五章20節）――「あなたは、あなたの隣人に対して、嘘の証言をすることはない」。

第十戒（同二〇章17ａ節≒同五章21ａｂ節）――「あなたは、あなたの隣人の家をむさぼることはない」。

1　文法上の形

直訳してわかることは、形の点から見る限り、第一戒から第三戒までと、第六戒から第十戒までの計八つの「戒」は、すべて「あなたは（あなたにとっては）……ない」という表現になっていることである。つまり、「殺すなかれ」などと一般に言われるような命令の形にはなっていない。文法的にはいわゆる未完了形の二人称単数が使われている。ギリシャ語訳（いわゆる七十人訳聖書〔セプテュアギンタ〕）では未来形が使われており、やはり命令形にはなっていない。十戒の中、純粋な命令形は第五戒のみである。第四戒は不定法で書かれている。

やや細かく言えば、ヘブライ語聖書で神が命令する時は、多くの場合、肯定命令なら命令形が、また否定命令ならば 'al（否定辞）＋指示形[4]（jussive）が使われる。ところが、前記の八つの戒では、lo' ＋未完了形が使われている。この事情は、一般には、「非常に強調的な、とりわけ神的な禁止[5]」を示すため、と言われている。英語ではそれを考慮して、You shall... という単純未来形で訳すことが昔からの伝統になっている。第四戒は、不定形（infinitive）で書かれており、それが命令形の代用であると理解されている。[6] しかし、何はともあれ、命令形ではないという事実は興味をひく。

そもそもヘブライ語の「時制」（tense）は独特であり、基本的に「完了形」と「未完了形」しかない。現代ヘブライ語では、前者が過去時制、後者が未来時制となっており、現在分詞形が現在時制を表すようになっている。しかし古代ヘブライ語においては、そう単純ではない。一般にヘブライ語の「完了形」は、過去・現在・未来のいわゆる時間軸と必ずしも相関せず、主にある事柄を「完了（accomplished）の観点から表現する」ものと説明される。[7] それが過去のことか、現在のことか、未来のことかは、文脈による。

それと並んで「未完了形」も、やはり、過去・現在・未来という時間軸とは基本的に相関せずに、ある事柄を「まだ続いているもの、あるいは成就の過程にあるもの、あるいは目下生じているもの」（as still continuing, or in process of accomplishment, or even as just taking place）という観点から見られているものと説かれる。[8] 完了形同様に、内容が過去のことか、現在のことか、未来のことかは、文脈によって判断される。さらには、未完了形は話者の判断や感情により直截的に連動しているため、話者の意志や命令、許可、願望、推量、さらには可能性等のニュアンスを濃密に表現する形でもある。[9] 先ほど、lo' ＋未完了形がとりわけ強い命令を示す、とされたのも、この関連で理解される（完了形の諸側面に関する文法学者の研究は今なお続いており、最近では「未完了形」という名称すら放棄する重要な研究者が出てきている）。[10] 何はともあれ、十戒中八つの戒の文体が形の上では平叙文であることは、注目される。

それでは、こうした文法的特殊性に枠づけられて語られている十戒は、禅の観点からあえて見てみたらどうなるのか、略述してみることにする。ただし、紙幅の関係もあり、最も特徴的に禅のあり方との対話ができるもののみを選ぶこととする。第一戒から第四戒まで、加えて第六戒を扱うこととする。

2 存在の〈本質〉から

はじめに、禅の語る裸の事実のあり方と、それに基づく結論的な観察を先に述べておく。禅の強調する本来の事実とは、およそありとあらゆる存在は、まったくのゼロで、同時同一的に絶対である、ということである。「ありとあらゆる存在」の筆頭には、この「わたし」がくるであろう。しかし同時に、「あなた」もそうであるし、また目前の犬も猫も、草も花も、木も石も、山も川も、都会も田舎も、嬉しいも悲しいも、そうである。要するに「存在」と呼ばれ得るもの一切のことである。「ゼロ」とは、『般若心経』の言う「空《くう》」（原語では shunyata）ということ、実体がまったくないことである。「絶対」とは、文字通り「対を絶している」ということ、それ自体で他の一切を消し去っていること、あるいは他の一切を呑み込んでいること、それ自体で全宇宙だということである。これは「ゼロ」の裏面であり、「ゼロ」即「絶対」というのが本質態である。これらすべて、言葉だけで聞けば正気の沙汰ではなく、観念の遊びの最たるもののように聞こえるが、不思議なことに体験的にはこれが正直な裸の事実なのである。そして、実は私たち各人の心の真底は、それをどこかで知っているのである。

数式めいた書き方をすれば、

$$\alpha \equiv 0 \equiv A$$

ということになろう。「α」は「ありとあらゆるもの」、どのような存在でも可、という意味である。「≡」の記号は、単に「イコール」ではなく、「合同」ということ、つまり論理的に等置したということではなく、事実として同一だということである。「A」は「絶対」

および「一切」（Absolute/All）の頭文字をとったものである。もっとも、このような数式は思念の戯《ざ》れごと以外のものではない。これをさらに詮索してもどうなるものでもないが、裸の事実を観念化するとこうも言える、ということである。

この中でも中核的アスペクトは「ゼロ」という事実である。ゼロと言っても、ただ何もない、というだけのいわゆるニヒル性ではなく、まったく何もないと同時に、それがそのままで無限のエネルギーであるという現実である。つまり、どのような存在をも絶対化し、全宇宙化する能力を持っているところの「ゼロ」であり「空《くう》」である。これにかかれば、全宇宙が「ゼロ」になり、一本の草も全宇宙になる。

さらに、有名な語句を用いて説明を付加すると、$\alpha \equiv 0$という側面を最も端的に描いているのが、『般若心経』の「色即是空、空即是色」という表現であろう。αは「色」と言い換えても同じことである。また、$\alpha \equiv A$の側面を描いている有名な句が、「一即一切、一切即一」という言葉であろう（『信心銘』）。また、釈迦牟尼に帰される「天上天下唯我独尊」という表現もある。倶胝《ぐてい》和尚が、どのような仏道関係の質問にも、いつも一本の指を立てることで応じた（『無門関』第三則、『従容録』第八十四則）というのも、これに当たる。

さらには、0≡Aは、達磨大師が言ったという、「廓然無聖《かくねんむしょう》」（『碧巌録』第一則、『従容録』第二則）の「廓然」、あるいは「大地に寸土《すんど》無し」（この世界に土のひとかけらも存在しない）とか、「三界無法」（欲界、色界、無色界のどこにも、何ひとつ存在しない――『従容録』第三十七則）とか、「眼《まなこ》に礙《さ》ゆる雲の端《は》もなし」などと言われる事態がこれに当たるであろう。

そうすると、禅から見れば、そもそも「神」という言葉は、主にこの0≡A、それ自体まったく「ゼロ」で、かつ圧倒的なエネルギーを秘めた原事実につけた別名称と見なされる。仏教なら「毘盧遮那仏《びるしゃなぶつ》」とか「法身仏《ほっしんぶつ》」とか「一体三宝《いったいさんぼう》の仏」とか言うところのものである。

そうであれば、十戒は根本において、そうした真実界を、相対的世界の意識フィルターを通してさまざまに述べたものである、と言えるであろう。もともと、あれこれを「やってはいけない」という禁止令の集積ではない、ということである。八つの戒が未完了形で叙述的に書かれており、一つの戒が不定形であって、どちらも狭義の命令ではないということも、この点からすれば十分納得がいく。命令する文として理解され、機能しうるのは、十戒の現実的・社会的な適用の次元、つまり倫理の次元の話なのである。或ることが「これ以外あり得ない事実」であるために、それ以外のことができない、やろうとしても意味がない、したがって「するな」というプラグマチックな命令的意味合いが出てくる、ということである。根本においては、存在の事実をただストレートに述べていることになる。[11]

一つひとつ、手短に見ていこう。

第一戒──「あなたにとっては、私の面前で、他の神々は〔存在しない〕」

これは普通、あなたは私以外の何ものも神としてはならない、のように訳され、いわば拝一神教の宣言文のように理解される。しかし、「神」の事柄を上述のように、まったくのゼロの現実とすれば、これは根源的な絶対真実の開陳ともなる。その真実は、まったく五感にかからず、何の規定も受けない。したがって、その現実の中で──「私の面前で」──「他の神々」が競合的に出てくる余地はまったくなくなる。[12] したがって、「他の神々は存在しない」と未完了の叙述形で事態が断言的に宣言されていることは、至極当然の事態であると言える。ここには絶対的に「内包的」（inclusive）な、ひとつの包括的な原事実が語られていると言える。

同じような観点で読まれ得るのは、有名な「シェマー」文の冒頭である。

聞け、イスラエルよ、私たちの神ヤハウェは、ひとつのヤハウェである。

（『申命記』六章5節）

神名「ヤハウェ」に関しては、後出（第三戒を扱う箇所）を参照されたい。最大の問題はこの「ひとつ」（'ehad）という言葉である。普通はこれを、「ただ一人の」と解し、いわゆる一神教の信仰告白ととる。しかし「ただ」の語はもともとない。禅の立場から見ると、この「ひとつ」はそのままで一切を貫穿《かんせん》する「ひとつ」、一切である「ひとつ」、つまり真実のゼロの事実と響く。ちょうど前記の第一戒と同趣旨に読めるのである。

第二戒――「あなたは、自分のために、像を造ることはない」

このゼロの本質世界は、それ自体としてはまったく影も形もない。つまり、対象的な意味の「像」はそもそも造りようがない。だから、どう努めようとも「像を造ることはない」。キリスト教の歴史の中で、「神」が代々白い髭の老人の姿で絵画表現されてきたことの不当さが明らかになろう。それは児戯に等しいということである。あるいは、白髭の老人でなくとも、神学者のいわゆる「神観」も、そこに対象的・像的なモチーフがあれば、それは当たらないということである。そもそも、人間が造る「神」の観念自体が、所詮不可能な企てだということになる。第二戒はその不可能性を端的に述べている、と理解することができる。

「自分のために」という部分に関して言えば、これは自分の利益のために、というニュアンスであろう（「利害の与格」に近い）。自分がそれで御利益を得るためとか、自分の好みに従って、そのような二元論的な「像」を制作し活用するということであろう。しかし、繰り返すが、五感にまったくかからないのであれば、絶対一元の「何もない」本質界を「像」にして自分の利益にかなうようにしようと欲すること自体、まったく無駄なことと言わねばならない。

第三戒――「あなたは、ヤハウェの名をむなしく取り上げることをしない」

「ヤハウェ」というのは神名である。YHWHと四文字で書き、神聖四文字と言われる。したがって、ユダヤ教徒は、これを「ヤハウェ」と発音することは絶対なく、母音をつけ直して「アドナイ」（「私の主」の意味）と読む。ギリシャ語ではkyrios（「主、主人」）と訳され、結局はそこから日本語聖書の「主」という訳も来ている。「ヤハウェ」の語源的由来自体は、いまなお議論されていて、十分に解明されてはいない。

第三戒は、この「ヤハウェ」の名をむなしく取り上げない、取り上げることはできない、取り上げてはいけない（口にしてはならない）、等と読める。何が「むなしく」あるいは「無意味なことのために」（leshav）かは、議論の余地があろう。ある人はそれを、「偽ろうとして」(zum Trug) という意味に取り、神名を口にしながら実は偽ってなす誓いを指す、と取る。[13] ここでは、「むなしいこと」を、あえて定義しないでおいてよかろう。何はともあれ、先に挙げた文面によれば、「むなしいこと」のためにでなければ、神名を取り上げてもよいことになろう(したがって、現今のユダヤ教徒のように、絶対に「ヤハウェ」という語を口にしない、ということは、必ずしもこの戒に沿っているとは言いがたい)。

しかし、まったくのゼロという本質界から見れば、それはどのように試みても名前のつけようのない世界である。そもそも、神を「ヤハウェ」と呼び、その「名」を取り上げること自体が、いわば方便であり、実は「むなしいこと」になる。名づけることは対象的に限定し、イメージ化することに他ならないからである。その網にかからないゼロの世界に、どのような「名前」を与えようというのであろうか。したがって、この第三戒は、こうした本質界の意を汲んで訳すれば、「あなたは、ヤハウェの名を取り上げるようなむなしいまねはしない」と解し得るであろう。別様に訳せば、「あなたは、ヤハウェの名を取り上げるようなまねはしない、〔それは〕むなしい〔ことにならざるを得ない〕」という主旨となる。要するにまったく名づけようがない、ゼロでなまなましいもの、それが存在の裸の実相である。

第四戒――「あなたは、安息の日を覚えよ」

この戒と次の戒のみが未完了形にはなっていない。形式的に言えば、第四戒の「覚える〔こと〕」(zâchôl)／「守る〔こと〕」(shâmôl)は、不定形(infinitive)である。ここでは、それが命令形の代用であると理解されている。これがどのような十戒成立史を明かすのかは、ここでは問わないでおく。

この「安息日」の強調は、もともと人畜の過労死を避けるための配慮であったらしいが(『出エジプト記』二三章12節)、とりわけ捕囚期(紀元前五八七―五三八年頃)以降のユダヤ教徒にとって、創造論(『創世記』一章)と結びつき、周囲の異邦民族に対して己のアイデンティティを画するものとして大変重要なものと化した。しかし、そのような社会的・政治的側面も、今は無視する。そうすると、どういう意味の世界が見えるだろうか。

「安息」の元の意味は「シャーバト」(shabath)、つまり「止む」ということである。そこで示唆されるのは、「神」の世界では一切が「止んでいる」、そこには「安息」しかない、という事実である。いくら動きがあっても変化があっても、そのままで、一切が微動だにしない寂静《じゃくじょう》そのもの、という世界である。まったくのゼロであってみれば、当然とも言える。つまり、「安息の日」とは、一週間に一度訪れる、仕事をしてはいけない日であるというのではない。毎日毎日が、あわただしい動きのただ中で一切その動きを失っている、つまり「安息の日」だということである。少なくとも、禅的に見れば、そういう意味で「安息の日を覚える」ということが言われていると解しうる。一日一日が「安息の日」であることを忘れない、と響く。(14)

そうしてみれば、これが命令形でなく不定形であるということも、意義深く聞こえよう。すべてが「止んでいること」、それは事実の確認に他ならず、忘れることができない。そもそも、「覚えていよ」と命令されることではないのである。元来そうだからである。

このような理解が元来の伝承の意味したことかどうか、当然問題であろう。ただ、禅の目から見れば、そのような次元が浮かび上がらざるを得ない、ということである。

第六戒――「あなたは、〔人を〕殺すことはない」

ここから第十戒まで、再び未完了形の文章が続く。この第六戒は、普通「殺すなかれ」と命令形で訳されることはすでに触れた。もっとも、元来の語「ラーツァハ」（ratsah）は、殺すこと一般ではなく、同胞である民の個（々）人を殺害することを意味する。では、どういう意味で「人を殺さない」のであろうか。

真実界の姿とは、すべて「ひとつ」の世界である。現象的には対立があり、衝突がある姿のまま、実は「ひとつ」の世界が貫徹し、「ひとつ」の世界が躍動している世界である。「天上天下唯我独尊」という言葉は、一般の現代日本語ではワンマン極まりない傍若無人を表す言葉になっているが、もともとの意味合いはまったく異なる。この全世界・全宇宙が真空である自分「ひとつ」の姿だということである。この世界からすれば、「他人」とは、自分自身のもう一つ別の姿に他ならない。道元禅師の言う「他己」である。とすると、至るところ「他の姿をした自分自身」に満ちた世界で、その別の自分の姿を「殺す」ということはあり得ないことが領けよう。右の手が左の手を殺すということはあり得ない、と同じことである。「殺せる」と思う、あるいは「殺した」と思うこと自体が、妄想でしかなくなる。したがって、この根源的な現実を示す言葉として、「あなたは〔人を〕殺さない」、「殺すことはあり得ない」と言われ得る。[15]

以下、第七戒から第十戒までは省略する。ただ、これら四つ戒のそれぞれが、これまでと同じ、原事実の開陳として理解できることを述べるにとどめたい。

むすび

以上、十戒のいくつかの部分を禅の観点から概観した。繰り返すが、こうした理解が、十戒の旧約学的研究およびその神学研究とどこまで合致するかは問題であろう。この小エッセイはそこまで踏み込むものではない。ただ、現在のテキストの中核部分を禅の観点から読み解くと以上のようになる、という解釈学的試みでしかない。人によっては、その妥当性を怪しむかもしれない。しかし、こうした禅的読み方の普遍の中に、元来自己保存的に「一神教」化し、他者排除的になりがちなキリスト教の「十戒」理解を、その根源から解放するエネルギーのあることが看て取れるのではないか、と思う。

注

(1) ただし、最初の「私はヤハウェである」(『出エジプト記』二〇章2節)は、全体への序および根拠であるから、今は省く。

(2) 例えばJ・J・シュタム「十戒」、荒井献・石田友雄編『旧約新約聖書大事典』教文館、一九八九(原著は一九六二、五五〇—五五一頁、その五五〇頁)年、J・J・シュタム/M・E・アンドリュー『十戒』左近淑・大野恵正訳、新教出版社、一九七〇(原著は一九六二)年、特に一五頁以下。

(3) 記号:||は、『出エジプト記』と『申命記』の当該箇所が、少々用語を異にしているという意である。今はその差異の考察には入らない。

(4) 指示形(jussive)とは、(穏やかな)命令、懇願、要請、また(本文に示したが、否定辞 'al

を伴って）禁止などを示すもの。形の上では、大部分の場合、未完了形二人称および三人称形に一致する。ここでは「指示形」としたが、訳さずjussiveと使う場合も多い。

（5）A.B. Davidson – J. Mauchline, An Introductory Hebrew Grammar, Edinburgh ^{27}1974, p.94.

（6）P. Joüon – T. Muraoka, A Grammar of Biblical Hebrew, Rome 2013 (repr. of 2nd ed. 2006), p.343. 興味深いことだが、日本語でも「朝早く起きること！」と言えば命令となる。ドイツ語でもFrüh aufstehen! と言えば、同様に命令形の代用となる。

（7）E.Kautzsch, Gesenius' Hebrew Grammar, transl. by A.E. Cowley, Oxford ^{2}1974 (repr. of 2nd ed.), p.309. さらにA.B. Davidson, Hebrew Syntax, Edinburgh ^{3}1985, pp.58-63 参照。

（8）Kautzsch, op.cit., p.313. さらにA.B. Davidson, op.cit., pp.64-69 参照。

（9）例えば、Davidson, op.cit. p.64 参照。

（10）P. Joüon – T. Muraoka, op.cit., pp.337ff (§ 113).

（11）類似の見解は、禅とは無関係に、関根正雄が「旧約聖書序説」等で提出している。「神の恩恵によって神のものとせられた者は、神に対し、また同じ神に属する共同体の生活の中で、『……することはあり得ないことだ』という意味で『禁止命令』なのである」（『関根正雄著作集』第四巻、心地書房、一九八五年、九七頁）。これを再吟味して改めて肯定的に評価・展開したものとして、関根清三『旧約における超越と象徴』東京大学出版会、一九九四年、八二―八九頁、がある。

(12) C. Dohmen, Exodus 19-40 (HThKZT), Freiburg i. B. etc., 2004,

(13) M. Kockert, Die zehn Gebote, München 2007, p.68.

(14) ここで参考までに、『トマス福音書』の次の言葉を挙げておこう――「もし彼らがあなたがたに、『あなたがたの中にある父のしるしは何か』というならば、彼らに言いなさい、『それは運動であり、安息である』と」(語録五〇、荒井献訳『トマスによる福音書』講談社学術文庫、一九九四年、二〇二頁、傍点佐藤)。

(15) 先に言及した関根清三『旧約における超越と象徴』において、以下の言及がある――「……無制約者の働きかけを経験しそれとの交わりに入った者にとって、少なくとも可能的に同じ交わりに開いた四界兄弟たる他の人間の、存在を侵犯することなど、無制約者の交わりの意志に背反することとして、理念的にはあり得ない、そしてたとい現実的にはそれが可能だとしても、それは無制約者からの働きかけの忘却であり、その交わりからの逸脱であるから、厳に禁じられなければならないのだ」(八九頁)。――禅的に見れば、この「無制約者」とは、ゼロで絶対の本質界そのもののことである。

禅キリスト教の地平へ

はじめに

私の思うところでは、現代のキリスト教の担い手は、次の三つの領域への積極的なかかわり（英語で言えば commitment）なしでは、今日という時代の要請には対応できないのではないでしょうか。すなわち、一つは「社会的現実」、二つ目は「基本的な教義の再検討」、そして第三に「深層の身体的知恵」です。この三点が示す領域は、これからのキリスト教のあり方を大きく決定づける要素であろうと思われます。

1　社会的現実へのかかわり

第一の領域は、良心的な神学者ないしは信者であれば――特にプロテスタント教会であれば――、最近の最も顕著な特徴であり、傾向であろうと思われます。とりわけ社会的に抑圧されている側に立つという理念が強調されていますが、カトリック教会でも、「解放の神学」とそれに類似する立場では、社会や権力の現実と批判的に対峙するという面が中核になっています。これは単にヒューマニズムの立場からの態度決定ではなく、ユダヤ教以来の社会的公平（ミシュパート）のパトスと福音書のイエスが語る「神の王国」のヴィジョンが根底にあるものです。そしてそのためには、社会構造への分析的批判作業が同時に要求されるでしょう。また、現実の解決へ向けての進展が微々たるものであっても、効果や効用から発想せず、最も原則的なところから問題を提起し続ける、忍耐強い視野が要請されます。

ただ、この点は多くのキリスト者がつとに試み、かつ追求していることですので、ここではこれ以上展開せずに、次の項目へ移行しようと思います。

2 基本的な教義の再検討

現代のキリスト教を考える上での狭義の神学的課題とは、この二番目に挙げる要素にあります。現今において、キリスト教から人々が離れていく、あるいは特に若年層で新しくキリスト教にくる人たちが極端に少なくなっているというのは、結局何にも増して、キリスト教を叙述する神学言語とその枠組みを構成する観念体制とが受容困難になっており、また同時にそれらが何の説得的な体験世界も開示しないからです。これは、いわゆる先進国のキリスト教会全体に鮮明な傾向ですが、日本ではそうした事態に加え、「外来の」神学語彙の翻訳という困難な問題が存在するため、キリスト教言語は人々の間でいっそう違和感を増大させています。それにもかかわらず、これこれと表現されている教えをただ「信仰」せよと迫るのは、もはや意味を持たないのです。

伝統的な枠組み言語の再検討

おそらく私たちは、とうとうこれまでの信仰的・神学的枠組みを根本的に批判・吟味しなければならない時代にきてしまったのです。これには、四世紀、五世紀の二大信条である、「ニカイア・コンスタンチノポリス信条」と「カルケドン信条」と、その後の十六世紀以降の宗教改革運動から出てきた教義的表現も妥当します。あまりに時が経ちすぎたにもかかわらず、事柄を表現する言語そのものが古代や近世のまま遺物化していること自体が異様なのです。

まず、前述の二つの信条の文面を引用してみます。それらは、カトリック、正教、そしてプロテスタントの三大宗派で基本的に認められているからです。その後で、それらを吟味し再解釈しうる方向性を示唆したいと思います。最初に、有名な三位一体説を確立した「ニカイア・コンスタンチノポリス信条」(1) を挙げます。

我らは、全能の父なる唯一の神、天と地、すべて見えるものと見えざるものとの創造者を信ずる。

また、我らは、唯一の主イエス・キリスト、あらゆる代のさきに御父より生まれ給える、神の生み給える独りの御子、光より出でたる光、真の神より出でたる真の神、生まれ給いて造られず、御父と同質たる御方を信ずる。万物は、主によりて成り、主は我ら人間のため、また我らの救のために、天よりくだり、聖霊と処女マリヤとによって肉をとって人となり、ポンテオ・ピラトの時、我らのために十字架につけられ、苦しみを受け、葬られ、聖書に応じて三日目に甦り、天に昇り、御父の右に坐し、生ける者と死せる者とを審くために、栄光のうちに再び来り給う。その御国は終わることがない。

また、我らは、聖霊、主となり活かし、御父〔と御子〕より出で、御父と御子とともに礼拝せられ崇められ預言者らを通して語り給う御方を信ずる。

我らは、一つであって聖き公同たる使徒的教会を信ずる。我らは罪の赦しのための一つなる洗礼に同意を告白する。我らは、死人の甦りと来るべき代の生命とを待ち望むのである。[2]

次に、イエスが「神であり、人である」として、その神人両性を教義化した「カルケドン信条[3]」です。

……我らの主イエス・キリストは唯一かつ同一の御子である。この同じ方が神性において完全な方であり、この同じ方が人間性において完全な方である。この同じ方が真に神であり、また真に人間である、理性的な魂と肉体から成りつつ、この同じ方が神性において御父と同一本体《ホモウシオス》の者であり、かつまた人間性において我々と同一本体《ホモウシオス》の者である。「罪を除いては、あらゆる点において、我々と同じである」（『ヘブライ人への手紙』四章15節）。神性においては、代々に先立って御父から生まれたが、この同じ方が、人間性において、終わりの日に、我々のため、我々の救いのために、「神の母」（テオトコス）なる処女マリヤから生まれた。この方は唯一かつ同一のキリスト、御子、主、独り子として、二つの本性において混合されることなく、変化することなく、分割されることなく、分離されることなく知られる方である。このように合一《ヘノーシス》よって二つの本性の相違が取り去られるのではなく、むしろ双方の本性の固有性は保持され、唯一の位格《プロソーポン》、唯一の実体《ヒュポスタシス》に共存している。この方は二つの位格に分けられたり、分割されたりせず、唯一かつ同一の独り子なる御子、神の言《ロゴス》、主イエス・キリストである。[4]

イエスの「神人両性」の吟味

カルケドン信条によれば、イエスは「真に神であり、真に人間である」ことになっています。しかし「真に人間」の方は、「罪を除いては」私たちと同じく人であった、と条件づけられています。ところが「罪を除いて」しまっては、人であることの決定的事項が欠落すると言わねばなりません。「罪を除く」のであれば、イエスは人間というよりは天使のごとき存在であったと言った方が正確でしょう。しかしながら、キリスト教では、イエス自身がどのような罪の意識を持ち、それにどのように悩み、またそれをどのように解決していったか、真剣に話題にすることはこれまでありませんでした。しかし、これからのキリスト教神学はそれを取り上げないわけにはいかないと思います。そうでなければ、イエス自身が抽象化し、現実のリアリティを喪失するからです。イエスも私たちと同じように罪責意識、あるいは負い目意識に苦しんだという事実を無視しては、これからのキリスト論は展開できないのではないでしょうか。(5)

ところで、そのイエスが同時に「真に神である」と言われています。この「二つの本性の相違が取り去られるのではなく、むしろ双方の本性の固有性は保持され、唯一の位格、唯一の実体に共存している。この方は二つの位格に分けられたり、分割されたりしない」と言われています。そもそも、なぜイエスの神性と人性は両立しうるのか、理由は書いてありません。書くことができない神秘なのでしょう。しかし、ここに問題があります。今述べたような罪責意識を持っていたイエスを文字通り「真に人間」であったと設定してもなお、彼が「真に神」であるということが言えるのか。つまり、罪があった人間イエスが同時に「神」であったと言えるのか、ということです。ほかには類を見ない矛盾になります。もし言えないとすれば、そもそもキリスト教は、ある偽りのファンタジーの上に作られていたことになります。もし逆に、言えるとすればそれはどうしてか。まさに大問題です。

だが問題は、さらに奥があるのです。もしイエスが、深い罪の意識を持った「人間」であるにもかかわらず「神」であるとすれば、それは、少なくとも本質的・原理的には、単にイエス自身であるのみならず、同様に罪ある私たち爾余《じょ》の人間たち一切も、「神」である可能性を認めることになってしまうからです。

「創造主」と「被造物」

このようなことは、確かにキリスト教では絶対に口が裂けても言わないことです。しかし、よくよく考えてみますと、神が「創造主」であれば、「被造物」にその神の本質が十全に現れるのは当然至極ではないでしょうか。例えばベートーヴェンと彼が作った第五交響曲の関係を見てみます。この交響曲には、ベートーヴェンのすべてが現れている、と言えるでしょう。もちろん、第五交響曲以外の作品でもいいのですが、ベートーヴェンほど、一つ一つの作品に彼の全世界を投入し、極端な倫理的緊張をもってそれを極限まで展開した作曲家もめずらしいでしょう。その時に、ベートーヴェンは「創造者」で独立の人格である、しかしながら彼の作品は、単に紙の上に音符になった形で存在するだけの無機物的な「被造物」である。したがって、双方の存在形態は質的にまったく違う、つまり「創造者」は「被造物」と質的に異なっている、などと特別に論ずる人がいるでしょうか。いるとしたら、それは至極当たり前の物的・形式的事実をグロテスクに強調するあまり、彼の作品が彼自身の全き表現であることを一向に見ようとしない、滑稽な詭弁を弄していることになります。キリスト教はしかし、それと同じ論法を繰り返し強調してきたのではないでしょうか。一般の人間を「思い上がらせる」ことのないように、という広い意味の教会的・教育的配慮なのでしょうが、極端な一面観が教義的に絶対化して今に至っているのではないでしょうか。

つまり、「神」と「人」とは、俗に言うように完全に、質的に異なった存在同士である、「神」は「人間」にとって「絶対他者」である、という単純な伝統的論理の把握力では、実は捉えることの不可能なある異次元の真実が存在するのではないでしょうか。キリスト教は、それを表現する言語を未だ持っていないのではないでしょうか。それがここにも暗示されているように思うのです。

未完成な「三位一体説」

類似のことは、先に挙げた「ニカイア・コンスタンチノポリス信条」に謳われている「三位一体説」にも見て取ることができるようです。三位一体説はキリスト教の根本教義と言われ、第一位格の「父なる神」と第二位格の「子なる神」が、第三位格の「聖霊なる神」との生きた一体性の中に、真の「神」として啓示されるとされています。私たち人間はこの三位一体の外にいて、三位一体の神が働きかける対象となるわけです。その時、第二位格としては、「子なる神」としてのイエス・キリスト以外のものは伝統的には考えられていません。

しかし、さきほども暗示したところの、私たち自身がイエス同様に創造神の意思を十全に表現した存在であるという可能性を考慮するなら、第二位格はイエスを primus inter pares（同等の者たちのうちの第一の者）としながらも、本質的には私たちのすべてに妥当することになります。つまり、私たちのすべてが命の深淵（第一位格）との不可避的な一体性のうちに生き、やがてその深淵そのものと一つになって現象的には消滅していくわけですが、その神秘的働き（第三位格）の全体が「神」の自己表現であり、文字通り三位一体の本質展開と見られ得るのではないでしょうか。

示唆され得る方向

つまり、「カルケドン信条」は、「真に神であり、真に人間である」存在を、「罪のない」抽象的なイエス・キリストにのみ単純に限定してしまったところに不十分さがあったのです。同時に、「ニカイア・コンスタンチノポリス信条」は、その三位一体の「神」の把握において、第二位格をイエス・キリストだけに排他的に限ってしまった点に、未展開の部分があった、という理解が出てくるのです。

これは要するに、イエスという人物は実際いかなる存在であったのか、という問いと同時に、あるいはそれを超えて、「神」というものをどのように把握するか、また「人間」というものがその極限においてどのような存在現象なのかという基本的な問題を、もう一度改めて根源的に考え直す可能性を示唆しているのではないでしょうか。

その他の重要教義の再検討

「復活」

こうした根本的な枠組み問題と並んで、他の重要な教義上の諸問題の吟味があります。その重要なものの一つが「復活」です。これはギリシャ語では「起こす、起こされる」(egeirô, egeiromai) あるいは「起きる」(anistamai) という動詞表現か、「起こし」(egersis) あるいは「起き上がり」(anastasis) という名詞表現です。死者をムックリと起こす、あるいはそのように起こされる、起きる、という趣旨です。これではあまりにも日常的な表現に過ぎるので、日本語ではより高尚に響き、かつ物質的なイメージが払拭された「復活」という語が選ばれたのでしょう。

しかし、「復活」とはいったい何か。ふつうこれは、イエス・キリストが「復活」したということで、イエスの物語の最終事項として扱われ、またそれを「信仰」することによって救済が成就する、と見られています。イエスが死んでからどうなったかは普通にはわかりようがないので、「復活して神の右に挙げられた」という彼の最後の運命を、宣教されるままに「信ずる」、それが正しい、となるわけです。

しかし、イエスの「復活」事件は、何よりもそれをまず証言した者たち、つまりペトロたち直弟子の、世界および自己の大きな認識変貌だったはずです。彼らは、自分たちが体験した世界把握・自己把握の激変した視野から、当時許された言語可能性の中でそのように証言しているのです。ですから私たちとしては、人間学的に見て、いったいペトロたちの認識世界には何が体験的に起こったのか、何がそのような言語表現を可能にしたのか、を問うてもいいはずです。なぜ、このような問題提起がこれまで、あまりにもなされずにきたのか。それは「復活」を神秘きわまりない秘義として、信仰をもってしか接近できない事柄として、事実上棚上げして扱ってきたためでしょう。

二〇世紀最大の新約学者R・ブルトマンは、周知のように「非神話化」(Entmythologisierung) という方法論の提唱者です。(6) イエス当時の人々の言語は、色濃く神話的表象と神話的言語とに規定されていて、私たち近現代人には直接理解ができない。したがってそれを「非神話化」して、「実存疇」(Existential) を使って「実存論的に解釈」(existentiale Interpretation）し、私たちの言語表象に置き直して初めてその意義が把握できる、としました。しかし彼は、奇妙なことに「復活」に関しては自らの「非神話化」作業を意識的に断念しているのです。いわく、これはただ「従順な信仰」によって受容されるべきものである、と言うのです。

私にはこれは、最後の最後で、いわばこれまでの教会言語の権威の前に自分の方法論を放棄した、悲しい非一貫性であると映ります。私は「復活」に関してこそ、むしろブルトマンの「非神話化」を徹底させるべきだと思います。それも、「実存論」なるものを援用するのではなく、もっと広く、人間一般の「人間学的」な認識変貌の深層体験を、イエスの運命の変化として対象的に外化・投影して語られたものとして解き明かしたいと思います。とすれば、もしかしたら、似たような体験はペトロたち以外でも、いや、キリスト教徒以外の人々でも、一般の人間生活のある種の極限状態の中で時折、体験している事柄ではないだろうか、という疑問が湧くのです。

「贖罪思想」

もう一つの例は、いわばキリスト教の専売特許ともなっている「贖罪《しょくざい》思想」です。この中の「贖《あがな》う」という言葉は、「金品を代償として出して、罪をまぬかれる」というのが原意ですので、「贖罪」とは、「体刑に服する代りに、財物を差し出して罪過を許されること」となります。[7] これが、「金品」や「財物」の代わりにイエス自身が介在物とされ、イエス事件を atonement とか redemptive death とか Sühnetod とか表現する西洋語の日本語版として、新たに適用されたものです。

本当は何を言いたいのかというと、イエス・キリストの代理死による免罪（あるいは免罰）ということです。ここでは、最初期のイエスの弟子筋の者たちが、ユダヤ教には常識的な神殿祭儀である「ハッタート」（口語訳では「罪祭」と訳されている）を転用して、イエス・キリストを犠牲獣に見立ててそれに象徴的に適用したのです。「罪祭」とは、当該の人間の犯した「罪」がいわばブーメラン的にその人間に復讐として与える「罰」を、その人間の代わりに主として犠牲獣が受けて死に、その代わりそれを供出した人間の方は罪の復讐のエネルギーから解放されて生きることができる、と理解され得る救済システムです。私は、これはそもそも優れて牧畜文化的な「罪」の処理方法で、動物を祭儀の中心に据えない農耕文化では今ひとつ実感が湧かない事態であろうと思っています。

何はともあれ、この「贖罪」の行為が、ゴルゴタで死んでいったイエスの運命によって初めて実現された、ととるのがキリスト教です。さきほどの「ニカイア・コンスタンチノープル信条」では「我らのために十字架につけられ」となっていました。しかし、そうであればあるほど、さまざまな質問が出てきます。イエスの登場以前に死んでしまった人の「罪」はどうなるのか。また、同時代でも、例えばイエスについて聞くことができずに死んでしまった人たちはどうなるのか。また、イエス以後の人たちは、このイエスの「贖罪」があるなら、もう罪がないはずではないか、にもかかわらず罪に苦しむのはなぜか。また、現在日本にいるこの「私」が、なにゆえ、二千年前の中近東に生まれ死んだイエスという人物の「死」で「罪」から救われるのか、等々。これに対して、この教えを単に「信じるべし」と言われても、先の「復活信仰」と同じく、現代人にはもはや無理な相談ではないでしょうか。

やはり、イエスが行った排他的に絶対的な救済行為――「この人による以外に救いはない」（『使徒行伝』二章12節）――というフィルターを取り去って、イエスの弟子たちにとっては、イエスの死によってどのような「人間学的」な深層の事実が明らかにされたのか、というスタンスの理解が現代では必要ではないでしょうか。そうすることによって、実は他の人間分野でも生じている相似の認識事実にも目が開かれ、逆にキリスト教の「贖罪思想」も根源から新しく再把握され得るでしょう。ここでも、「贖罪思想」のラディカルな非神話化がどうしても必要だと思います。「贖罪」なるものを、教義的な後光をもって君臨する、いわば水戸黄門の印籠のような秘義言語にしてしまってはいけないのです。

以上、いくつかの例を挙げましたが、これらはこれまでのキリスト教的観念の枠組みとその重要概念とを、根本から再検討することを促すものです。とくに私たちが母語である日本語で「神学する」のであれば、その必要性はいっそう高いと言わざるを得ないのです。自分が持っている「信仰」を切り刻むような作業となるので、一般には忌避されるでしょう。しかし、この吟味を通してなおも浮上するものがあれば、それこそ本物ではないでしょうか。そしてこの自己吟味の課題こそ、現代のキリスト者の避けて通れない課題であると思えるのです。

3　深層の身体的知恵

第三のcommitmentのエリアで何を意味しているかは、すぐさまは明確に見えないかもしれませんので、段階的に説明します。

キリスト教における「身体性」の軽視

まず、身体を霊的に活用するということ。そもそもこれは、西洋キリスト教的視野にはほとんど入らない次元です。いわば、ギリシャ由来の思考法に依る「精神」の身体に対する優位性の伝統ゆえに、キリスト教では、身体に逆に優先性を与えて事柄を追求するという態度はついぞとらなかった。しかし元来の創造論からすれば、精神も身体も同じレベルで創造されたと言えるでしょうから、俗流プラトン主義の「精神主義」にはどこか決定的な偏面性があると言えます。むしろ、アジア的発想で言えば、身体にこそ創造の霊的知恵が潜むと言えそうなのです。

東洋の「ディアーナ」の伝統

古代インドでは、身体を使った内的精神凝集を「ディアーナ」（dhyâna）と呼んで、太古の時代から修養してきました。それによって、「サマーディ」（三昧、定）と言われる、意識の最深層に没入し、それを通して人間の根源的な実相を体験的に把握しようとしたのです。この「ディアーナ」が中国で音訳されて「禅那」となり、それが短縮されて「禅」となっています。禅宗とは、「ディアーナ」の行《ぎょう》を中核に据え、中国で発展をみた仏教の一派で、それによって釈迦牟尼と同質の証悟体験に達しようとするものです。

この行為を通して開かれる「知恵」の地平は、さきほどの「基本的な教義の再検討」の項で話した時に不可避的に想定されたような、一種の深刻な矛盾相――「神であり、人である」など——を、統一的な事実として把握させ得る力を持つものです。ギリシャ的な形式論理で言えばまったく排中律的な矛盾であり、キリスト教の中でも絶対に統一体にはなり得ない両極端としてしか描くことのできないものが、一個の事実的な生けるリアリティとして把握されるでしょう。西田幾多郎の言葉を援用すれば、「絶対矛盾的自己同一」です。私はここに、先の「基本的な教義の再検討」を実質的に遂行し得る、人間深層の知的可能性を想定しています。

これからの動向

もっとも、残念なことに、日本のキリスト教——特にプロテスタント——は「禅」から何かを学ぼうとは絶対に思わないでしょう。キリスト教にとって、「邪教」が抱えてきたものから何事かを学ぶのは名折れである、と感じるのではないでしょうか。あるいは、少々「坐る」ことを技術的に学んで心を静める程度の役には立てるとしても、それ以上の世界には入ろうとしないと思います。また、禅宗の方もおおむね、坐禅は自分たちの僧院制度の中の専売特許であり、部外の者、とりわけ耶蘇教徒にわかるわけがないと高をくくっている節《ふし》があります。したがって、坐禅の実際とその世界を、一般に対して本当に積極的に供するには至っていません。私はこの双方とも、残念なあり方であると思っています。キリスト教も禅宗も、今、これまでになかった最大の存亡の危機に瀕しており、あと二十年もしたらお互いに形式と慣習しか残らない「醜教」に堕してしまう道行きを真剣に考えたら、なし得る最大のことを冒険してみる覚悟が出てきてもいいのではないでしょうか。

　事実、現在のとりわけ西洋世界においては、禅的な内的没入の行を本格的に導入することによって新しい地平への手がかりを得たキリスト教者たちが多く輩出しています。もちろんそうした動きはまだ完成には至っていません。また、「禅」にしても多様な存在形態があって、選択に惑うかもしれません。しかし、いずれにせよ、そうした身体性を通した深層の知恵の発掘と活用の方向に動いて初めて、キリスト教神学は新たに構築され得るし、また、現実社会との批判的かかわりにおいても、人は初めて本当の持続的な力の泉を得るのではないかと思います。この機会に、「坐禅入門」のお話しをしようと思ったのには、そうした背景があります。

＊

これからのキリスト教の神学的営為は、社会的現実との批判的なかかわり、既存の神学の思い切った脱構築と再構築、そして身体を駆使した、深層没入を道とした新たな知恵の獲得――これら三者の課題をどうしても遂行しなければならないと思います。そのためには、あらゆる知恵を結集させなければならないでしょう。その意味でも、「神学」こそ「総合学」であり、これからますますそうならねばならないと思います。ただその中で、私見によれば、最後の要素である、身体を駆使した人間深層の知恵の発現が鍵となるのではないか、と考えています。この知恵は、表層では激しい矛盾と思われる事態を、真に生きた一事実として捉えることを可能にし、同時に単に「知」だけではなく、はるかな展望とエネルギーも付与してくれるからです。

何はともあれ、こうした全体的試行よって、十六世紀には未完成で終わった宗教改革を真に完成させる「第二次宗教改革」を何としても達成しなければなりません。なぜならそれなしには、宗教としての末期に至ったキリスト教は、カトリックもプロテスタントも、まもなく生きた活動体としてはこのまま終焉して果てることは明らかだからです。

注

（1）三八一年コンスタンチノープル公会議で承認、実際は三二五年の「原ニカイア信条」の拡充版。なお本文中、〔　〕に入れた箇所は、九世紀になってカトリック教会が挿入した文言。

（2）『信条集　前篇』第二版、新教出版社、一九八二年より（但し若干訂正）。

（3）四五一年、カルケドン公会議で承認。

（4）小高毅訳（小高毅編『原典古代キリスト教思想史2　ギリシア教父』教文館、二〇〇〇年、四一二—四一三頁）、但し若干訂正。

（5）拙著『最後のイエス』ぷねうま舎、二〇一三年参照。

（6）R. Bultmann, Neues Testament und Mythologie (1941), in: H.W. Bartsch (Hg.), Kerygma und Mythos I. Ein theologisches Gespräch, Hamburg 1948, S. 15-53（山岡喜久男訳『新約聖書と神話論』教会と宣教叢書8、新教出版社、一九八九年）。

（7）『広辞苑』第六版参照。『精選版　日本国語大辞典　Ⅰ』小学館、二〇〇六年でも、「贖う」とは「罪滅ぼしのために金、物品などを出す」、「贖罪」とは、「金や品物を出して罪のつぐないをすること」とある（すでに十世紀の『延喜式』に典拠がある、『日本国語大辞典Ⅱ』六五三頁）。

禅、海を渡る

はじめに

坐禅は、実質的に一九六〇年代の終わり頃から一九七〇年代前半にかけて日本からヨーロッパに渡り、同地で真剣に受け取られ始めたと見てよいであろう。(1) もちろん、禅／Zenという言葉は、とりわけ鈴木大拙（一八七〇―一九六六年）が一九世紀末に渡米し一九〇〇年頃から禅について英語で著作・講義・講演活動を行うにつれて、多くの欧米の知識人の知るところとなった。しかし彼は、坐禅を実地に指導はしなかった。欧米で彼から「禅」を学んだ人々は、いわば「禅思想」「禅哲学」を学んだのであって、実際に自ら坐ることはほぼなかったと言ってよい。鈴木大拙自身、天才的な禅哲学者・禅仏教学者ではあったが、師家としては活動しなかったのである。

これに対して、一九七〇年の前後よりヨーロッパで始まったのは、実際に床に坐るという坐禅の「行《ぎょう》」である。思想的・哲学的にどう理解するか、ということよりも、坐って得る体験・経験が優先されたのである。もちろん、これにはヨーロッパの精神・宗教状況の大きな変化が背後にある。キリスト教的言語および教会体制への底なしの失望、文化史的アイデンティティの根源的な喪失、物質文明への決定的な絶望などであるが、(2)ここでは詳論しない。とにかく坐禅は、そうした「渇いた」ヨーロッパの土壌に、まるで砂に水が吸い込まれるように受容されていった。

そして、いまや四十年以上の歳月が経った。坐禅の人気はいまなお続いており、下降の気配はない。半世紀近くも経てば、もはや「ブーム」と言って済ませるわけにはいかない。この事実は、なんらかの恒常的なインパクトを社会と人間とに与え続けていると思わずにはいられない。

そこで筆者は二〇〇五―〇六年に、「禅が欧州キリスト教に与えている影響」というプロジェクト（科研費）を遂行し、ヨーロッパで日本伝来の坐禅を恒常的に行じている人たちが、どのようにキリスト教全体あるいはその個別の「信仰項目」を見ているかに関して考察を行った。その結果、きわめて意義深い変貌が生じつつあることを確認した。(3)しかし他方、その研究調査の間、筆者には、禅がキリスト教に決定的な影響を与えているだけでなく、いわばその逆として、禅自体もヨーロッパで大きく変貌しているのではないか、という思いが浮上した。日本人の精神構造にも強く影響を及ぼしたと言われる禅が、背景のきわめて異なったヨーロッパに渡来してまったく同一であり得るとする方がかえって非現実的ではないか。では、何がどう異なってきたのか。また、そうした変化にもかかわらず、それを今でも「禅」と呼べるであろうか。そうした疑問が自然と湧いてきたのである。したがって、筆者はその後、折りに触れて観察を進め、現在も注意深く精査中であるが、その中間報告というかたちで以下に述べてみたい。

1　日本における禅の分岐と現状

もっとも、事柄は単純ではない。日本で「禅」と言っても、実は一枚岩ではないからである。

臨済宗

日本に禅が導入されたのは十二世紀末、まず栄西（一一四一—一二一五年）が中国に渡り、黄龍派《おうりゅうは》の臨済禅を伝えた（一一九一年）。もっとも臨済宗は、その後は楊岐派《ようぎは》の流入が主体となり、黄龍派は途中で途絶えることになる。日本の臨済宗はやがて、大應国師（南浦紹明、一二三五—一三〇八年）、大燈国師（宗峰妙超、一二八二—一三三七年）、無相大師（関山慧玄、一二七七—一三六〇年）の「応燈関《おうとうかん》」の流れに絞られて一元化し、その時々の権力層の恩顧を得て展開された。その後、一旦は存亡の危機に瀕するも、十八世紀に出た白隠慧鶴《はくいんえかく》（一六八五—一七六八年）によって再興された。白隠は、公案*体系を確立し、「看話禅《かんなぜん》」としての臨済宗の基本的修行法を定め、その成果が臨済十四派に及んで現在に至っている。したがって臨済各派では、何はともあれ、公案を使って「見性《けんしょう》」（悟り・証悟）体験を得させ、その後さらなる多くの公案に参じさせてその体験を深めていく、という道筋を辿ることになる。

＊　大部分が各々、古代中国の大禅師たちの発言やエピソードからなる。理性的に見るとそれ自体では理解不可能な内容になっており、本質界からの智慧が発動して初めて「解ける」仕組みになっている。師匠の指導を受けて坐禅する時に用いる。『無門関』、『碧巌録』、『従容録』などの有名な作が世に出ている。

曹洞宗

他方、曹洞宗は道元（一二〇〇―五三年）が宋に渡って開眼《かいがん》・嗣法《しほう》し、わが国にもたらした（一二二六年）禅道である。道元は当時の政治権力とのつながりを嫌い、やがて福井の永平寺に座を定めた。その後、四代目の螢山紹瑾《けいざんじょうきん》（一二六八―一三二五年）が鶴見に総持寺《そうじじ》を開き、二大本山体制を採ることとなる。曹洞宗は、臨済宗が時の権力中枢とのつながりで立場を築いたのに対し、地方の実力者や一般民衆が支持者層となり、とりわけ明峰《めいほう》（一二七七―一三五〇年）や峨山《がざん》（一二七六―一三六六年）らが輩出する中、全国に浸透していった。

なお、元祖の道元は公案にも多く言及し、[4]修行者は「身心脱落」の悟り体験を得、さらにそれを越えていくべしと教えたが、とりわけ明治以降の曹洞宗は、「悟り」体験を目指す修行を意識的に排除し、「只管打坐《しかんたざ》」（ただ坐るのみ）を主眼とする「默照禅《もくしょうぜん》」を前面に出しつつ、同時に儀式や規矩《きく》の厳密な遵守の中に「仏道」の実現を見るようになった。曹洞宗は一八九〇年、道元の『正法眼蔵』からさまざまな教文を抜粋して『修証義《しゅしょうぎ》』を編み、一般信徒用に公刊したが、象徴的なことに、この『修証義』の中には「証悟《しょうご》」に直接かかわる道元の言葉は一切登場しない。

明治以降の事態

実は明治の早い時期から、除々にではあれ、臨済宗も含めて日本の禅界総体に大きな変化が訪れ始めたのである。その最大の契機の一つは、「廃仏毀釈《はいぶつきしゃく》」の戦略の下、明治政府が一八七二年に僧侶に対して「肉食妻帯勝手なるべし」と御触れを出したことにある。この中では、特に「妻帯」の文字が重要である。これによって、僧侶が結婚し家庭を持つという慣習がお上の許しとして次第に一般化していき——つまり、実質的な「出家」は反古になり——、それによって僧侶が実の息子を自分の寺の跡取りにするという慣例がスタートすることになった。だが、息子に跡を取らせようとすれば、臨済宗でも息子が「見性《けんしょう》」するまで親が無期限に待つというわけにはいかなくなる。ましてや、数百もある公案の全体系をひと通り終わるまで待つとしたら、いつになるかわからない。したがって、公案を修すると言っても、質的に高い次元の成熟を望むことが困難になってくる。これでは、いつしか看話禅の危機を招かずにはいないことがすでに予測されよう。

「居士禅」の展開

加えて、第二次世界大戦以後の世に次第に可視的になってきた特徴を挙げておく。「居士《こじ》」——すなわち僧籍にない一般人——の修行者の重要性である。それまでは、禅とは寺院の修行僧が中心に担ってきたのであって、「居士」はその中に特別に参加させてもらうという筋のものであった。それが戦後には——禅寺主体であるという基本は変わらないものの――僧籍にはない「居士」が母体となる禅集団が様々に誕生するのである。以下、そのうちの二つのみを紹介する。

その第一は、現在「人間禅教団」と称し、一九四八年に発足した宗教法人である。これは臨済宗・円覚寺派につらなる居士禅の組織で、全国に数十を越える支部と専門道場を持って活動している。その主眼は、社会における豊かな人間形成に置かれている。(5)

もう一つは、曹洞宗僧侶の安谷白雲《やすたにはくうん》（一八八五―一九七三年）が、一九五四年に曹洞宗から分かれ、独立して開いた宗教法人「三宝教団」（二〇一六年現在、「三宝禅」との改称を申請中）である。曹洞宗が「悟り」を放擲《ほうてき》したことに絶望した安谷白雲が、居士を中心に有志を募って開いたものである。したがって、この教団は今でも「見性」体験の重要性を強調した修行を継続している。あるいは、今ではそうした方向性を強く打ち出している極めて稀な団体であろう。ただし、規模が小さく、日本おける専門道場は事実上、鎌倉にある「三雲禅堂」のみで、日本の禅界でも認知する者は多くはない。(6)

こうした現在の日本の「禅」の担い手たちがヨーロッパと接触を持ち、ヨーロッパに禅を「輸出」したのである。しかし、それぞれ元来の方向性や性格が統一的ではないので、以下においては基本的にそれぞれのグループの禅がどのようにヨーロッパに渡って変貌したかを探ることとなる。

2　ヨーロッパでの展開

曹洞宗の場合

ヨーロッパに曹洞禅を伝えた最大の功労者は、弟子丸《でしまる》泰仙《たいせん》（一九一四―八二年）である。*彼は、澤木《さわき》興道《こうどう》（一八八〇―一九六五年）の晩年の弟子であるが、一九六七年に単独パリに渡り、とある「裏町の食料品店のあき倉庫のコンクリートの上」(7)で坐禅を始めた。しかし、それに打たれた人々が出てきたところが見事である。このようにして彼に倣う人々が発生し、その結果、彼は曹洞宗の坐禅を、フランスを中心にドイツ、英国、スイスなどに伝えることとなった。彼はその活躍が基で日本から再認識され、「欧州開教総監」となり、一九七〇年には Association Zen International という組織まで立ち上がることとなった。(8)

＊ 参考までに、米国に曹洞禅を伝えた最初のパイオニアについても記しておく。一九五九年にアメリカはカリフォルニアに渡った鈴木俊隆（一九〇四―七一年）である。彼が一九六一年に開いたサンフランシスコ禅センターは、その後のアメリカ禅に強い影響を与え続けた。鈴木俊隆『禅マインド　ビギナーズ・マインド』（松永太郎訳、株式会社サンガ、二〇一〇年、原著一九九九年）参照。また、F・ルノワール『仏教と西洋の出会い』（今枝由郎・富樫瓔子訳、トランスビュー、二〇一〇年、原著一九九九年）二五一―二五三頁参照。

弟子丸の弟子たちは、今でもフランスの国境を越えて、さまざまなところで坐禅会を催している。中には得度して頭を剃り、僧籍に入る者も少なくない。それでも、大多数の信従者は「居士」である。つまり、日本の曹洞禅は大部分が僧籍の者が担っているのであるが、この弟子丸に信従するヨーロッパの修行者に関しては、圧倒的多数が一般人であるという変貌が生じている。

弟子丸の流れの最大の特徴は、参加者たちの坐相の見事さとその曹洞禅的規矩《きく》や振舞いへの忠実さである。誰もが趺坐《ふざ》して背筋を伸ばし、凜《りん》として坐る姿は印象深い。日本の曹洞宗の、坐相に重きを置く精神がそのまま結晶化している感がある。ただ、いくつかの問題も発生せざるを得ない。

弟子丸の曹洞禅には、すでに長らく日本の曹洞宗でそうであったように、「独参《どくさん》」という個人指導がない。したがって、真剣に「私とは何か」を問いつつ（「己事究明《こじきゅうめい》」という）、禅の道を行こうとした場合、その途上で起こる禅体験を評価査定し、かつ深化させ得る個人指導の体制が存在しない。ただ、立派な坐相で坐り、同時に威儀即仏法と心得て仏事を行うという原則がすべてとなる。それでも、弟子丸が存命中は、彼のカリスマの牽引力で相当程度補完し得た事態であったろう。しかし彼の没後、彼のカリスマ的磁力はそのまま継続はされ得ない。そうすると、「独参」というシステムを破棄した曹洞宗は、ラディカルに内的な自己探求を求めるヨーロッパの信従者たちにとっては、或る体制的限界を露呈することになろう。つまり、本当に必要としている個人指導を受けられないのである。独参による以心伝心的指導は、過去幾世紀にもわたる禅の精髄であったが、弟子丸系のヨーロッパ曹洞禅には（日本の曹洞宗でもそうであるように）、これがないのである。この点が今、弟子丸禅の流れにとっての最大の問題である。そうであっても、坐禅することの素晴らしさに目覚めた者たちが、何はともあれ、依然として厳格な曹洞的坐禅をここかしこで実践している、というのが現状である。

弟子丸以外でも、曹洞宗でヨーロッパの教化活動をしている人々が存在しないわけではない。その中でもユニークなのは、ドイツ・ミュンヘンの東、小村アイゼンブッフ（Eisenbuch）にある「大悲《たいひ》山普門寺《さんふもんじ》」の中川正壽《しょうじゅ》・堂頭（一九四七―　）である。彼は一九七九年以来、ドイツに定住している永平寺出身の僧侶であるが、ただ厳格な坐禅と仏事のしきたりを行ずる、いわば純日本的禅を輸出することに疑問を抱き、禅をよりヨーロッパの精神性と必要性に見合ったかたちで実践することに心を砕いている。その際のモットーが heilsam leben（癒しのうちに生きる）で、「『目覚めと健康』（仏教、キリスト教などの教理に固まる以前の、人間としての霊性の覚醒と滋養、心身のバランスの取れた生活の習得）のためのセミナー、……癌患者を含めた参加者を対象に、食事療法や衣食住の生活改善、その他の伝統療法を紹介するコースなどの多彩な活動(9)を行っている。仁神術《じんしんじゅつ》にも多くの時間が割かれている。こうした視野の拡大と、全人的な心身の健やかさを大枠にした禅の修行という観点は、従来の日本の（曹洞）禅からすれば大変新しい要素であり、場合によっては異端視される素因であると言えよう。しかし、ヨーロッパに「純粋」な曹洞禅をそのまま「輸出」しようとしても限界に突き当たることを、普門寺は図らずも示していると言える。

臨済宗の場合

曹洞宗のヨーロッパ伝道は、先に述べた弟子丸泰仙の足跡が抜きんでて大きいが、臨済宗ではそれに相似する例はない。* むしろいくつかの流れや運動が併記されるであろう。まず、天竜寺の前管長・平田精耕《せいこう》（一九一七―九九年）は、一九七〇年代よりドイツに幾度か巡錫《じゅんしゃく》したが、天竜寺派の臨済禅がドイツで確かな根を張るところまではいかなかったようである。他方、妙心寺派の京都国際禅堂師家・宝積玄承《ほうづみげんしょう》（一九三七― ）の許で修行したヨーロッパ出身者がドイツで禅を指導しているケースがある。(10) さらには、方廣寺《ほうこうじ》派管長・大井際断《さいだん》（一九一五―　）は、一九七〇―八〇年代にしばしばドイツ各地で禅の指導を行ったし、その後を継いで、浜松・祥光寺《しょうこうじ》の向令孝《むかいれいこう》（一九四七―　）は、一九八七年以来ほぼ二十年間、毎年ドイツに行って禅指導にたずさわった。同時に、ドイツからも方廣寺にきて本格的に参禅する者が現れた。その結果、大井際断は四人のドイツ人に嗣法《しほう》を許し、彼らはドイツへ戻って自らの禅会を主宰するに至っている。そのネットワークは現在二十を越える箇所を擁している。(11)

＊　北アメリカなら、まず、すでに一九〇五年に当地へ渡った千崎如幻（一八七六―一九五八年）や、しばしば米国を訪問した三島・龍沢寺管長の中川宋淵（一九〇七―八四年）に言及されるであろうし、とりわけ、中川宋淵の弟子で一九六四年に単身ニューヨークに渡った嶋野榮道（一九三二―　）の活動が特記されるであろう。嶋野榮道『愛語の力――禅僧ひとりニューヨークに立つ』（致知出版社、二〇〇八年）に詳しく述べられている。

もう一つ、臨済宗の中でアメリカやヨーロッパを視野に収めて積極的に活動しているのは、妙心寺派の岡山・曹源寺の原田正道《しょうどう》（一九四〇―　）である。彼は、山田無文《むもん》に嗣法し、一九八九年以来海外に巡錫し、二〇一三年現在も年に二回ほど欧州にて接心を指導している。そして彼の流れから、いくつもの禅堂が海外で形成され、曹源の「一滴水《いってきすい》」を英訳したOne Drop Zenの名前でネットワークを形成している。欧州でもドイツ（北欧山曹源寺がアーセンドルフAsendorfにある）、デンマーク、ハンガリー、イタリア、ポーランド、ラトヴィアなどに拠点を持つ。(12) そもそも、岡山の曹源寺は、現在でも泊まり込みで修行に励む外国人が寺の主体となっている。

前記の方廣寺派、そして妙心寺派、それもとりわけ曹源寺の系統以外には、ヨーロッパに一定の根を下ろした臨済禅はないように思われる。*

＊　一九七九年以降、四年ごとに行われている「東西霊性交流」というものがある。これには、日本の仏僧、とりわけ少なからず臨済僧と曹洞僧と、ヨーロッパ（とりわけドイツ、イタリア、フランス、ベルギー）のカトリック修道士とが参加し、交代でヨーロッパの修道院と日本の禅

堂を訪問している。しかし、これで臨済禅が欧州に広まったということにはなっていない。

そもそも臨済禅は、すでに言及したように主として「看話禅《かんなぜん》」である。つまり、ある基本的公案と取り組むことで「見性」に至り、その後も数百ほどのさらなる公案と取り組むことでその見性の世界をさらにいっそう明らかにしていく、という修行法を採る。しかるに、その公案の多くが――『無門関《むもんかん》』、『碧巌録《へきがんろく》』、『臨済録《りんざいろく》』など――中国のいわゆる古典文献であり、外国人が直接アクセスすることは容易ではない。もちろん、それぞれに学問的な翻訳は出版されているが、それが師家《しけ》の望むような解釈で訳されているかどうかが問題である。単に「学問的」に正確というだけでは独参室内では使えない。そうであれば、師家が自ら満足する翻訳を備えなければならないが、これは決して簡単なことではない。この、日本語および漢文中心の公案指導体制から見る時、臨済禅はそもそも海外には広がりにくい構造をしていると言える（したがって、公案指導を実質的に放棄すれば、臨済宗もヨーロッパでやっていけようが――そうした例は少なくない――、それは臨済禅の中核を脱落させた構造となろう）。逆に現今の曹洞禅は、基本がただ坐るだけの「只管打坐」であるから、翻訳への依存性があまり高くはない。もし、翻訳すべき文献（法話や儀式の次第など）があろうとも、それは付随的な意味しか持たず、臨済禅が外国人用に室内（つまり独参の場）での公案を翻訳する場合とは難度も必要度もまったく異なると言ってよい。曹源寺の原田正道門下および方廣寺の大井際断門下の興隆は、そこで禅を修めた外国人が師匠の意に沿うような公案翻訳を準備したことに少なからず依拠していると言えるであろう。

なお、予想できる事態であるが、方廣寺派のグループおよび One Drop Zen のグループなどには得度した僧籍の者もいるが、その会衆全体を見渡せば、大部分が「居士」である。つまり、仏僧にならずとも、在家で修行を続けることが可能になっている。この点は他の流れとも共通する大きな要素であって、改めて特記しておきたい。

ちなみに、さきほど紹介した「人間禅教団」は、その中にかつて一九六六年から八七年まで、ドイツへ毎夏、行って定期的に接心を開いた長屋喜一（一八九五―一九九三年、「人間禅」の命名者）もいるが[13]、現在ではヨーロッパないし西洋との関係は実質的に築いていないので、以下においては考慮の外に置くことにする。

三宝禅の場合

ヨーロッパに禅が広まるに際して、これまで最大の貢献をしたのは、先に紹介した「三宝禅」（＝「三宝教団」）であろう。日本では一般的な認知度はきわめて低いが、ヨーロッパ圏において、それもとりわけドイツにおいては、三宝禅は最も大きな「シェア」を誇っている（この際、ヴィリギス・イェーガーのサンガを「三宝禅」系と数える。イェーガー神父は二〇〇九年一月、三宝禅から別れて独自の集団を形成するに至った）。この伝播拡大は、一九六〇年代の終わりからほぼ三十年にわたって、ドイツで接心や禅の講演などを精力的に展開し続けたフーゴー・ラサール神父（Hugo Lassalle, 1898-1990. 日本名・愛宮《えのみや》真備《きび》）に負うところが大きい。彼は、一九二九年に日本に派遣され、一九四五年広島で被爆、その後一九五六年に小浜・発心寺の原田祖岳《そがく》（一八七一―一九六一年）の弟子となり、禅の修行を開始した。原田祖岳の死後しばらくして、ラサールは原田祖岳の孫弟子に当たる、在家の師家・山田耕雲《こううん》の弟子となった。*そしてこの山田耕雲が、自ら仏弟子でありながら、禅はいわゆる「宗教」ではなく、したがって禅はどのような宗教・宗派の人によっても実践できるということを、おそらくそれまでの誰よりも鮮明に断言した(14)。それによって、神父ラサールの参禅を全面的に受容し、かつ策励したのである。そしてこのラサールの仲介で、ヨーロッパから多くの神父たちや修道女たち、それにプロテスタントの牧師や一般の信徒などが来日して山田耕雲の弟子となり、一定期間あるいは定期的に滞日して修行を続けた。さらにその彼らや彼女らが、公案の参究の修行期を終え、教師資格を与えられて欧州の故郷に帰り、禅を教え始めたのである。ラサール自身もその間、日本とドイツの間を間断なく往復しながら禅の講演や接心指導に粉骨した。こうして多くのキリスト教徒や、キリスト教的背景を意識している人々が大量に坐禅を志すようになった。それが、ドイツだけにとどまらず、欧州の多くの箇所で三宝禅系の禅運動が広がる大きな契機となったのである。

＊ 原田祖岳の弟子であって三宝教団／三宝禅の開祖となったのが安谷白雲であり、その安谷白雲に師事し、嗣法して第二祖となったのが山田耕雲である。なお、ラサールの伝記に関しては、

U. Baatz, Hugo M. Enomiya-Lassalle. Ein Leben zwischen den Welten. Biographie（Zürich/Düsseldorf 1998）参照。さらには、F・ルノワール『仏教と西洋の出会い』前掲、二六〇頁参照。なお、北米においては、元来曹洞宗の僧侶で、安谷白雲の弟子となった前角博雄《まえずみはくゆう》（一九三一―一九五年）が、一九六〇年代始めから禅の指導を開始し、後年ホワイト・プラム・アサンガ（White Plum Asanga）などを設立して広範に活動した http://www.whiteplum.org/maezumi_roshi.htm（2014.7.5. アクセス）。

さらに言えば、三宝禅は、何よりも「見性」体験を得、それを深めていくことを目指して修行する集団である。見性体験は、前述のように、曹洞宗ではもはや前面には出てこないし、また臨済宗でも極端に重要視はされなくなっているように思われる。それが、「専門」的な僧侶的禅界からはアマチュア扱いされている在家の三宝禅によって、それも西欧のキリスト教の教団メンバーによって真っ正面から取り上げられ、実践・実現されている様は興味深い。もしも禅の最大の目標の一つが真の自己を発見する悟りの体験とその徹底化にあるとすれば、これをまじめに大きく取り上げているのが西欧の修行者たちであるということには、何か皮肉な感じすらする。加えて、その修行者・指導者の中に少なからぬ数のキリスト教徒がいるということは、禅の証悟体験がいわゆる「宗教」の枠にとらわれない、きわめて人間学的な深層事件であることを証ししていることにもなる。こうした深化拡大は、三宝禅の開祖の安谷白雲自身、予見していなかったことではないだろうか。

三宝禅は、修行者を見性に導き、その後も修行を深めるための公案体系を、すべて英語・ドイツ語・スペイン語、さらに部分的にはフランス語で備えている。さきほど、臨済宗曹源寺や方廣寺系の外国人修行者によって試みられていることがいっそう広範に実現しているのが三宝禅であろう。

ただ、「公案」翻訳の場合、事態は必ずしも単純でない。有名な『碧巌録』には雪竇重顕《せっちょうじゅうけん》（九八〇―一〇五二年）の「頌古《じゅこ》」、すなわち漢詩がついているし、同様に『従容録《しょうようろく》』には宏智正覚《わんししょうがく》（一〇九一―一一五七年）の頌古があり、また日本の瑩山紹瑾《けいざんじょうきん》（一二六八―一三二五年）の『伝光録《でんこうろく》』にも結びの漢詩が付してある（『従容録』と『伝光録』は臨済禅では扱わないが、三宝禅では公案参究に入れている）。それらの言語美や、深層の境涯を映す文学的ニュアンスなどはほとんど翻訳不可能であると言える。つまり、そうしたきわめてデリケートな次元までの内実伝達を翻訳文献でどのようにして可能とするかという問題になると、相当の困難さに突き当たることになろう。

しかし他方、公案に関して翻訳とは別次元の試みがヨーロッパの三宝禅系のサンガでは試験的に始まっていることも報告しておきたい。具体的には、聖書の素材を使った新しい「公案」を作成しようとする動きである。[15] これは、公案というものが高名な中国の祖師たちにかかわる古典的なテキストであってみれば、聖書を用いて公案を「作る」などは不遜であり、愚かしいとも映ることであろう。しかし、禅――それも看話禅としての公案禅――がヨーロッパに根を降ろせば、いつかの時点で必ずや発生する運動に違いない。むしろそれが本当にかたちをなし、伝統的な中国禅の公案と有機的に結びつく時、真に新しいヨーロッパ的禅文化が発生するのかもしれない。

3　共通要素

以上、宗派の差異を考慮しながら、それぞれが西洋でどのように変貌したかのスケッチを試みた。今度はいくつかの共通項目を横断的に見ながら、変貌の諸相について観察してみたい。

裾野の拡大――心理的「癒し」との結合

まず始めに、今欧米で活発な、坐禅の「応用」について語る必要がある。これは、「坐る」という行為の意義について改めて注目が集まっているということであって、曹洞や臨済や三宝禅の間の差はあまり意味を持たない。つまり、坐禅が心理学的・精神医学的な治癒の観点から積極的に応用されているという事態である。この可能性は、すでにドイツのK・

デュルクハイム（Karlfried Graf von Dürkheim, 1896-1988）が一九四八年には見て取っていた。彼は一九三七年から四七年まで日本に滞在し、その間自らも熱心に坐禅を行った。その結論は、坐禅が心の奥底を病んだ多くの西洋にとって、意識の根底からの癒しになるということであった。[16] その知見をもとに、彼は一九四八年、妻のM・ヒッピウス（Maria Hippius）と共同でドイツ・「黒い森」の中のトトモス・リュッテ（Todtmoos-Rütte）に自らの心理学的教育センターを作ったのであった。当センターの活動は現在でも一応存続している。他方、近年特筆されるのが、坐禅および類似の「瞑想」法、とりわけテラワダ仏教出自の「マインドフルネス」瞑想の一般化である。こうした「瞑想」が人間の脳機構や神経構造にどのような影響を与えるかは、以前から熱心に研究されてきた。[17] 今では、ドイツに限らず、アメリカや日本でも様々な施設や医療関係者が、精神医学的「癒し」の効用を求めて坐禅や坐禅的瞑想を組み込んだ治癒・医療活動を試みている。[18] 現在の一般的知見としては、とりわけ依存症や中程度までの鬱病的症状にはかなりの効果があることが認められている。

この方向をさらに社会的次元で推し進めた運動として、刑務所の受刑者に坐禅および類似の瞑想をさせる組織的な取り組みが、欧州ではイギリスとドイツでなされている。受刑者の自己破壊的アイデンティティを坐禅によって回復する試みと理解していいであろう。イギリスでは一九九二年にカトリックのシスターであるイレーヌ・マキネス（Elaine MacInnes, 1924- ）が「プリズン・フェニックス・トラスト（The Prison Phoenix Trust）という、オックスフォードに座を持つ社会慈善団体の指導者に招かれた時からなされており、[*]彼女が任を退いた一九九九年までに同種の活動を提供する刑務所は英国内で八十六箇所に増えた（マキネスはその後、二〇〇〇年母国のカナダへ戻り、トロントで同様の刑務所プロジェクトを開始した）。ちなみにマキネスは、実は先に言及した三宝禅の準師家である。[19]他方、ドイツには、刑務所の精神的ケア担当のプロテスタント牧会者グループ（Evangelische Konferenz für Gefängnisseelsorge in Deutschland）から自然発生的に誕生した運動がある。彼らは、二〇一四年から一六年にかけて「沈黙の修練」（Übung der Stille）と称して、刑務所での精神的ケアに「瞑想」をいかに導入できるかを探る大きなセミナーを計画し、その中に瞑想修行への接近を組み込んでいる。[20]

* The Prison Phoenix Trust の季刊紙 Newsletter 参照。また http://www.prinsonphoenixtrust.org（二〇一二年一二月二九日アクセス）参照。最近ではヨガに重点があるように見受けられる。なお、マキネスは、英国に渡る前、すでにフィリピンで受刑者に坐禅指導を施している。

こうした精神医学的および社会的リハビリ活動の側面は、日本の伝統的な禅宗の世界ではほとんど考えられなかったであろう。場合によっては、聖道を穢すもののようにすら受け取られかねない。しかし、これらの治癒効果は、坐禅によって生じる禅定力《ぜんじょうりょく》の自然となせる業《わざ》であって、欧米の禅関係者がこれの持つ治癒力一般に関心を示すのは当然の次第である。禅の元来の目標からすれば、いわば副産物であるが、それでも現代人にとっては切実な効用である。むしろ、これからの日本の禅界も、こうした側面を軽視するのではなく、積極的に支援し、それを導く立場に立つべきであろう。また、欧米で禅の指導にたずさわる者たちも、自分たちの許にこのような精神医学的治療の必要な人々がくることを十分承知の上で、坐禅がどのような場合に有効か、またどのような時にかえって害になるか、精神医学者たちとも密に連絡を取りつつ、協働作業へのネットワークを構築することが必須となるであろう。

変容とその意味

言語

日本発の禅が欧州に渡った時、さまざまな形式的要素が変化することは容易に理解できる。まず思いつくのは言語の相違である。日本語が世界の中でマイナーな言語であり、かつ修得するのが大変困難な言語であってみれば、時とともに日本語への依存度の少ない禅修行形態になることは目に見えている。

日本語はすべての音節が子音＋母音か、母音のみという、母音中心の特殊な言語である。そのため、木魚に合わせたリズミカルな日本語発音の読経を、英訳や独訳したもので真似しようとしてもうまくいかない。したがって、読経するなら日本語のままでやるか、あるいは木魚的リズムを断念して訳本を単に朗読するしかない。欧州で展開している禅グループ、とりわけ曹洞宗グループは、前者が多いように思われる。しかしその際は、場合によっては「日本」が前面に出て異文化性を過度に強調することになり、参加者のフラストレーション生む可能性がある。それは、禅がヨーロッパ化して同地に根づき、ヨーロッパ文化の中に入り込むという事態に向けては、むしろマイナスとなる可能性がある。いずれにせよ、日本語への依存が除々にではあれ、僅少になって行かざるを得ない。

さきほど、臨済禅がヨーロッパでさほど伝播していない理由の一つに、公案の翻訳体制を整えることの困難さを想定した。それも、臨済宗の多くにおいてなされているように、『禅林句集』(21)などの古典句を著語《じゃくご》として用い、各公案の振幅の深部に至るまで把握させようとすることは、翻訳ではほとんど不可能である。先に公案翻訳の困難さとして「頌古」部分の詩文の翻訳課題を指摘したが、臨済禅においても、その公案文化をすべて翻訳することの困難さは推して知るべきである。

したがって、筆者の見るところ、臨済禅ではヨーロッパにおいて看話禅を真剣に展開するには(未だ?)至っていない。日本の臨済禅道場で認証されてヨーロッパに戻った者たちですら、坐禅会等は開催していても、翻訳された公案体系を駆使した修行法を弟子たちに自ら実践している者はいないように思われる。

そもそも、臨済宗の中には、公案参究とは必ずや日本語を前提とし、また僧堂生活を必須の条件とする、という声もある。この考えによれば、ただ坐るというならまだしも、日本の僧堂生活とまったく異なるヨーロッパの日常生活を背景にした「公案参究」など本当は可能であるはずがなく、まともには認められない、となろう。一理ある見解である。

他方、三宝禅とその系列では、その広範な公案体系をすべて英語やドイツ語で所有しているので、それを使用した参禅指導をヨーロッパ人の有資格者に許している。その意味では、禅に対し、日本と日本文化からの実質的「独立」を許している稀有な運動体であろう。三宝禅の場合は、大部分の公案の（少なくとも）核心部分は、翻訳でも表出可能であるという理解に立っている。また――在家禅の基本原則であろうが――ヨーロッパであれどこであれ、真摯な日常生活を送るという条件があれば、公案参究の背景として必要十分であると考えている。三宝禅系の禅が欧州で広く伝播した理論的背景と言ってよい。

儀式

仏事に関しては、曹洞宗・臨済宗とも、日本語での読経を含め、日本的儀式次第をできるだけ継続しようとしている。それに対して、三宝禅は、日本でもそもそも厳格な儀式遂行には比較的重点を置かず、坐り抜いて証悟体験を得、それを深めるところにエネルギーを集中しているので、ヨーロッパに渡っても、どの儀式をどのような様式で行うかは、ほとんど各教師の判断と嗜好に任されている。できるだけ鎌倉の三雲禅堂の仏道的行持を忠実に再現する方向と、できるだけ儀式は削除して坐ることに集中する方向と、さらには聖餐式を結合させて強くキリスト教的雰囲気の儀式を行う方向があるように思われる。このように儀式の点での統一的縛りが少なく、坐ること自体への凝集が可能なところが、三宝禅が容易に伝播し得たもう一つの背景をなしているように思われる。

ということは、この第三の方向の場合、禅が形の上ではキリスト教会の中に入り込んでしまう場合も存在するということである。とりわけ、先に紹介したラサール神父の影響下にある禅グループの接心においては、毎日夕方に聖餐式がある。* これを日本の禅僧が見たら、もはや正統な禅とは認めないかもしれない。しかしながら、これらのグループに具眼の修行者がいることも確実であって、結局これらのグループは、禅がヨーロッパに渡り、キリスト教の中にまで浸入していった一つの実例と見做されるべきであろう。日本の禅界からすれば承認できないかもしれないが、ヨーロッパでは、禅は場合によってはそこまでいっている、ということである。

＊　これは、ラサール神父の独創（参加は自由、「イエスと何らかのかかわりがある人なら誰でもどうぞ」として、間口を極端にゆるくしてある）。ドイツ・ディートフルトの禅会や、ドイツ・エッセンにある「中心からの命」（Leben aus der Mitte）という名のグループ（創始者はヨハネス・コップ〔Johannes Kopp, 1927-2016〕神父）が、この線を保持している。

しかし他方、こうした事例の場合、キリスト教の側でも大きな変貌を余儀なくされることを付記しておこう。禅の道を進むのであれば、早晩、伝統的なキリスト教の把握を維持したままでは立ちゆかなくなるのである。「キリスト教」のシステマチックな換骨奪胎ないしは解体・再構築が始まっていると言える。(22)「禅キリスト教」の地平である。

修行法

1　狭義の「修行法」で、日本とヨーロッパとで大きく異なる点を一つ挙げておこう。それは、禅の「厳しさ」の把握の違いである。日本人一般の間にある「禅」のイメージは、少なからずその「警策」（きょうさく〔曹洞系〕／けいさく〔臨済系〕）を使った打擲の激烈さの伝聞に支配されていよう。これは事実、とりわけ臨済宗の専門道場では——それも接心ともなれば——多かれ少なかれ茶飯事である。かつての三宝禅でも同様であった。ドイツ人で、曹洞宗安泰寺の住職になったネルケ無方《むほう》は、臨済宗の僧堂に修行に出向いた時、いかにその「恐怖の警策フルスイング」を体験したかを印象深く記している。(23) 一つの接心で警策を何本も折るほどの尋常ならざる処置が、人間を本当に真実の見性に導くかどうか疑問であるが、いずれにしてもこうした理不尽な警策は、個人の人格中心のヨーロッパではほぼ御法度である。それは単なる暴力としか受け取られないであろう。そもそも禅寺で警策をふるう習慣が日本で江戸時代あたりに発生したものであってみれば、これはどこか典型的に日本的・封建的な、精神修養的「しごき」の風景なのではあるまいか。ヨーロッパの坐禅会や接心では、おおむね坐は純然とした静寂の中にあり、そこに警策が施されても、それは度を越えることはほとんどない。ヨーロッパ人にとって禅修行が厳しいとすれば、それは自己を内部返照し、それに無条件に耐えていくことの厳格さなのである。棒が折れるほど激烈な物理的力性をほしいままにした禅堂は、おそらくヨーロッパには存在し得ない。これから日本発の禅がますます全世界に広がっていくに際しても、この「暴力」的要素が受け継がれていくことはまずないであろう。

2　また、今述べた個人主義的ヨーロッパの原則に関してさらに言えば、ヨーロッパで接心をする場合、大部分が参加者を個室に泊まらせている。もちろん、あまり高い費用を払えない人向けには二人部屋や、場合によってはユースホステル式の多人数部屋を用意する場合もあるが、いずれにせよ、日本のように参加者各自が畳一枚の上で寝起きし、務めをなし、坐禅するという具合に、いわばプライヴァシーが消滅する全体空間に身を託して接心を行うという形式はほとんど採られていない。やはり、プライヴェート空間を基本的に重要視するヨーロッパ人の生活感覚が優先されていると言ってよいであろう。

しかしこのことは逆に、象徴的にヨーロッパで「自己」の生活空間を放棄するまでの、いわば脱プライヴェートな場に身を置くことの根本的な困難性をも暗示している。禅は、ヨーロッパ人の「自己」という基本意識にまつわる生活感覚をも変容するところにまで至るのであろうか。

3　さらに重要な点は、一般的に言って、坐禅を志すその動機の部分にある。つまり、日本で坐禅を行う者の多くは禅僧であるが、それは何よりも、禅の一定の修行を経て住職の資格を得る、という枠の中の行為になっているのではないであろうか。つまり、一種の職業訓練の一環とすら言える。それ以上の個人的な「発心《ほっしん》」としての純一な求道がまったくないとは言わないが、いわばそのようなものがなくても、日本では禅僧になることがあり得るのである。しかるにヨーロッパにおいては、禅に志す者の大部分はまったくの「在家」の修行者である。戦後の日本で、在家禅の宗教法人が初めて出現したことを先に述べたが、ヨーロッパの場合は圧倒的に担い手がそもそも「在家」なのである。禅を修して僧侶になった者も一定程度いるが、むしろ全体数から言えば例外的である。したがって、一般には、禅を行ってもどこかの住職になるとか、お寺に就職できるというメリットはほぼ皆無である。禅を行《ぎょう》ずるために将来、物質的・職業的に安定するということは一般には考えられない。つまり、ヨーロッパで禅の道に志すのは、ただ、自分が内的・個人的に求める何かが——その具体的現れの多様性は今は扱うことをしない——、禅にはあると予感してのことである。ドイツでは、中規模の町ならほぼどの町にも最低一つの禅グループがあって、定期的にともに坐っていると言っても過言ではないが、皆まったく個人的な動機をもって、己の心のために坐っていると言える。職業的要請とはまったく関係がない。

さらには禅では、明眼の師匠のもと、一心に己事究明《こじきゅうめい》のために意識を凝集して坐り続ければ、その凝集度と熟成度に応じて、これまでの意識が突然破れ変貌する、いわゆる見性体験の訪れることが珍しくない。ヨーロッパにおいて、この体験を持ったものが一般の修行者の中でも決して少ないとは言えない。——これは何を示唆するであろうか。思うに、ヨーロッパに渡った禅の方が、日本の寺院禅宗より禅本来の関心事に近いというアイロニー的事態が見受けられるということではあるまいか。

4　しかし、ヨーロッパの禅に関して、必ずしも賞賛できる点ばかりがあるのではなかろう。詳しくはこれからのさらなる観察にまたねばならないが、ある種の懸念も同時に浮かび上がらざるを得ない。これには明確な典拠があるわけではなく、印象批評にとどまるが、以下述べてだけはおこう。

一つは、臨済系および三宝禅系の公案の扱いについてである。さきほどは、公案なるものが翻訳に依拠せざるを得ないため、正確かつ深みのある内容伝達が困難であり得る点を挙げた。ここでさらに指摘したいのは、そもそも西洋における公案の理解が、知的観念の次元にとどまりがちではないか、という危惧である。つまり、最初の見性の後、数々の公案が師匠から与えられ続けるのであるが、それらがさらなる真実の証悟体験から解かれるのではなく、本質界の持つある種の超論理性をパターンとして理解し、それを適用する作業で通ってしまう危険性である。つまり、知的・観念的な、一種の「野孤禅《やこぜん》」が横行するのである。この種の「変容」は禅の死を意味するので、いかようにしても肯定的に捉え返すことはできない。しかし、特に哲学的思弁性が浸透している欧州のインテリ層の修行者においては、この危険性がより大きなものとなり得ると思われる。

そもそも禅とは、単に最初の証悟体験を得ることではなく、それを体験的にいっそう深め、かつ自分の生活および社会生活においてそれを実現するという目標を持つものである。これまでの禅の全伝統はそうした方向を指している。坐禅は、ヨーロッパで単に個人的に鑑賞堪能されるだけであってはならないであろう。むしろそれが生き抜かれ、広く展開していく時、ヨーロッパ特有の「個人」意識やそれに基づいた社会慣習をも侵蝕するはずであろう。その時はどのような生活形態や社会的行為を生むのであろうか。それともここでは、まったく新しいヨーロッパ的禅の変容的側面が発生するのであろうか。

5　以上の状況に鑑みて、現在特に興味深いのはヨーロッパにおける三宝禅の将来であろう。先ほど三宝禅は、その翻訳公案体系をもってヨーロッパにおいて、看話禅が日本の言語文化から「独立」して展開されるのを認容している稀有な禅系列であると述べた。この運動が近い将来どのように、どこまで実を結ぶのか、注目される。果たして三宝禅は、その世界的な拡大の中で、眼目である見性体験の純正さを保ちうるのか。日本の禅文化・言語文化から「独立」しつつ、看話禅の真正さと深さを十全に保持し続けうるのか。そしてあわよくば、西洋的感性と理性性、そして最終的には人間観・世界観を内部変容させうるのか。――この重要な実験の行く末には、なお注意深い観察が必要である。

まとめ

以上のことを箇条書きでまとめておこう。

一、ヨーロッパにおける禅の伝播を考えれば、曹洞宗、臨済宗、そして三宝禅の三者が伝道を試みてきたと言える。曹洞宗は、弟子丸泰仙の系統がフランスを中心にいまなお根強い浸透度を示している。臨済宗は、最近の岡山・曹源寺に起点を持つ「一滴」禅や方廣寺派系の禅会が活動を広めている。もっとも、ヨーロッパで一番浸透しているのは、三宝禅系の禅であろう。この在家中心の禅集団は、キリスト教者も坐禅を実践し、かつ証悟体験を得ることができることを明言することによって、いまなおキリスト教的精神が根底で生きているドイツなどを中心に、幅広くヨーロッパで参禅者を増やしている。

二、坐禅の伝播を横断的に観察してわかることの一つは、ヨーロッパにおいては、（北米と同じく）坐禅がその裾野を拡大し、テラワダ仏教的な「マインドフルネス」の瞑想法と融合して、心理的問題や精神疾患を癒すための手段としても積極的に援用され始めていることである。これは、これまでの日本の禅界および医療界にはほとんど存在しなかった事態である。この新しい展開は、禅の関係者が、精神医療の専門家と密接な連携を保ちつつ協働していくことの必要性を示唆しているであろう。

また、ヨーロッパで活動している禅僧侶の中には、当地の精神的需要にできるだけ沿うような活動を坐禅運動と連絡させようとしている例が見受けられる。これも、禅のすそ野がヨーロッパでは拡大していくという現象に同じく由来するのであろう。
三、言語面で言えば、ヨーロッパに日本語の禅文化をそのまま持ち込もうとする動きには当然限界があり、やがては翻訳というチャンネルを通らざるを得ない。しかしながら、翻訳とは、原テキストに対して常にそれを「裏切る」関係にある（Traduttore, traditore）。早晩、ヨーロッパの禅が、己の宗派の宗旨にしたがった母国語のテキストと儀式を発展させるようになるであろう。ヨーロッパでも公案体系を用いている三宝禅は、その公案翻訳の改訂作業に常に努めねばならず、独自の困難性の前に立っていると言える。
四、キリスト教の典礼を禅の枠組みの中に入れた三宝禅系の一部の運動は、独自の展開を示している。こうした「禅キリスト教」的展開も、禅の正統な可能性であることが認識されねばならない。もっともその際、その「キリスト教」の側も、己の自己理解を根源的に――つまり禅的に――把握し直すことになる。禅体験は、キリスト教の諸概念をひとまず解体させ、やがてそれらを換骨奪胎せずにはいないからである。

五、さらに特徴的なことに、ヨーロッパに渡った禅は、ほぼすべからく「在家」中心の禅運動になっている。禅はヨーロッパに渡ることにより、その「禅寺」的な支配から己を解放したと言える。寺の住職となる職業準備のために坐るという発想が皆無であるため、坐禅をする動機が逆に個人的に純粋になり、それだけ徹底的に実存的になるとすら言える。

六、ヨーロッパには、警策による過度の殴打に身を挺することをもって修行とする風潮は、これまで受容されていないし、これからもあり得ないであろう。また接心の形態なども、個人のプライヴァシーを放棄するような運営にはなっていない。

七、そうした参禅活動の中から、純然たる証悟体験も発生している。ヨーロッパで禅は、禅本来の新しい人間アイデンティティの獲得まで歩を進めていると言える。こうした状況では、禅の重心はいまや日本を離れ、欧州（および北アメリカ）に移行したという印象が湧いてきても無理からぬことかもしれない。

八、しかしながら同時に、ヨーロッパの禅に関してある種の懸念も浮かび得る。禅とは個人の鑑賞的営為であってはならず、生き抜かれて現実を変えるところまで展開されなければならない質のものである。ヨーロッパの禅は、この点でこれからどれだけの実を結ぶであろうか。また、特に翻訳公案を使用する三宝禅系統では、それが単に知的なゲームのごときものに堕さないという保証をどこで担保するであろうか。

九、ヨーロッパで活動している諸派の中で、三宝禅は、その翻訳された公案体系と比較的自由な儀式性によって、ヨーロッパ人の指導者と参禅者に十全な「独立」を認めている稀な一派である。これが将来の「禅」をどのように変えていくのか。またヨーロッパの精神性をどのように変質させて行き得るのであろうか。

こうした問題意識を持つ時、この章で扱ったテーマはなおいっそうの観察と研究が不可欠である。

注

（1）同様のことは北アメリカでも言えるが、本論では、これまでの調査研究の時間的・物理的制約から、主として関心をヨーロッパに置く。その際「ヨーロッパ」とは、いわゆる「西欧」、西ヨーロッパを指すものとする。

（2）拙著『禅キリスト教の誕生』岩波書店、二〇〇七年、三頁以下参照。

（3）その結果は、同書、一三九頁以下所収。http://www2.rikkyo.ac.jp/web/msato/Frageboegen(hp1).pdf にはそのデータを掲載している。

（4）道元自身が公案集を編纂している。古則三百則を集めたもので、一般に『真字・正法眼蔵』と言われる（鈴木格禅等編『道元禅師全集　五』春秋社、一九八九年、一二六―二七五頁参照）。

（5）http://www.ningenzen.jp/ および http://www.ningenzen.org/index2.html 参照（二〇一二年一二月二九日アクセス）。

（6）http://www.sanbo-zen.org 参照（二〇一二年一二月二九日アクセス）。

（7）弟子丸泰仙『禅僧ひとりヨーロッパを行く』春秋社、一九七一年、一五頁。

（8）F・ルノワール『仏教と西洋の出会い』今枝由郎・富樫瓔子訳、トランスビュー、二〇一〇年、

原著一九九九年、二五三―二五八頁も参照。

(9) http://doitsufumon.web.fc2.com/CCP003.html 参照（二〇一二年一二月三〇日アクセス）。

(10) http://www.xing.com/profile/Genpo_Doering（二〇一三年四月二一日アクセス）等参照。

(11) http://www.zen-guide.de/zen/zentren/kat/rinzai+traditionslinie+des+hoko+ji（二〇一三年二月一八日アクセス）参照。

(12) http://onedropzen.org/community（二〇一二年一二月二七日アクセス）。同時に米国、ロシア、メキシコ、インドなどにも拠点を持つ。

(13) http://www.ningenzen.org/zen32/zen32-05.PDF 参照（二〇一二年一二月二九日アクセス）。

(14) 山田耕雲『禅の正門』春秋社、一九八〇年、二八五頁。

(15) 佐藤研、前掲書、一九三頁以下参照。

(16) カールフリート・デュルクハイム『肚――人間の重心』下程勇吉監修、麗澤大学出版会、二〇〇三年（原著四版一九六七年）参照。

(17) 貝谷久宣・熊野宏昭編『マインドフルネス・瞑想・坐禅の脳科学と精神療法』新興医学出版社、二〇〇七年。永沢哲『瞑想する脳科学』講談社選書メチエ、二〇一一年。

(18) 安藤治『瞑想の精神医学――トランスパーソナル精神医学序説』春秋社、一九九三年。同『心理療法としての仏教——禅・瞑想・仏教への心理学的アプローチ』法蔵館、二〇〇三年。D・ブレイジャー『禅セラピー——仏教から心理療法への道』恩田彰監修／大澤美枝子・本田満里代訳、コスモス・ライブラリー、星雲社、二〇〇四年（原書初版一九九五年）。安藤治『ZEN心理療法』駿河台出版社、二〇〇五年。貝谷・熊野編、前掲書（その一一七頁以下の文献表参照）。

(19) イレーヌ・マキネス『禅入門——カトリック修道女の歩んだ道』堀澤祖門・石村巽・吉岡美佐緒・田中正夫訳、岩波書店、二〇〇九年（原著一九九六年）という書がある。

(20) http://www.gefaengnisseelsorge.de/（二〇一二年一二月二九日アクセス）参照。

(21) 禅宗で使用される、禅内外のさまざまな古典的文献から編まれた名句集。柴山全慶編『訓註禅林句集』其中堂、一九七二年の版が有名。最近その部分的英訳が出た (Zen Sand. The Book of Capping Phrases for Koan Practice, trans. by Victor Sogen Hori, Honolulu 2003).

(22) 詳しくは佐藤研、前掲書、二〇九頁以下参照。

(23) ネルケ無方『迷える者の禅修行——ドイツ人住職が見た日本仏教』新潮新書、二〇一一年、一一五—一二〇頁。

あとがき

本書には、これまで散発的に発表してきた、禅に直接的・間接的に関連するエッセイと、今回新たに著した文章が混在している。全体像を摑みにくいきらいがあるが、一方では坐禅へのやや詳略な導入を計ることと、他方では禅がもつ「人間学」的に広汎な妥当性を指摘すること、西洋へ拡散伝播し続けている禅の軌跡をたどること、などを念頭に置いた。一言で言えば、坐禅が現代人の間で発揮しうる大きな可能性に真摯な目を向けてみよう、という主旨である。

「禅」と聞けば、既存仏教の一部、おまけに棒で叩かれる、厳しい、というイメージしか持たない人が日本でも依然として多い。あるいは、最近の「瞑想」ブームの流れに沿って、坐禅は心や身体にいい影響を及ぼすとは知っても、元来禅はそれ以上の次元に目を向けていることを真剣に考慮する機会は大変少ないと思う。そのために、最初の章では、これまで私が行ってきた禅への導入の講座内容をやや詳しく文章化し、同時に禅とはどういうものかを、私の把握する限りにおいてスケッチした。

第二から第四までの章では、禅の世界をむしろ「人間学的」に見て、その意義の一部を示唆してみた。その際、特にキリスト教界との対話に重点を置いた。私は、キリスト教の言語システムとその制度としての教会システムは、このままでは残念ながらもはや将来を持たないと思っている。それでも、万が一にも変革されうる可能性があるとすれば、その一つの道は、禅によるキリスト教言語の換骨奪胎であり、禅の行《ぎょう》による、これまでキリスト教がほとんど無視してきた人間の深層次元への突破であろうと思う。もちろん、既に機能不全に陥っている現在のキリスト教が真に新生を遂げるには、これだけでは不十分である。しかしながら、ある中核部分の革新にはなるに違いないと思っている。

最終章では、ヨーロッパの禅について、現状報告を試みた。禅の世界地図は、実はこの半世紀で革命的に変化してしまった。この間に坐禅は狭義の仏教の枠を乗り越え、日本を越えて伝播し、アメリカ大陸へ、ヨーロッパへ、オセアニアへ、そして日本以外のアジアの国々へ渡って展開されるに到っている。この運動の全的な調査報告が待たれる所以である。私は残念ながら、自分が少しく経験した地域に報告を限定せざるを得なかった。しかし、いずれにしても、これらの禅の拡散現象は、もともと禅が有していた普遍的生命の証左であり、これからの時代に向けてのその広大な胎動を感じさせずにいない。

なお、本書中の禅諸派の現況等の報告中で、私の思い違いや誤り、気づかぬ点があれば、切に諸子のご教授を乞う。

本書は、ぷねうま舎主の中川和夫氏の励ましで日の目を見た。これまでも幾度もお世話になっているが、今回も誠に感謝に堪えない。心からの御礼を申し上げずにはおれない。

二〇一六年六月　初夏の薫りのなかで

佐藤　研

初出一覧

まえがき　寂静への渇き
原題「静寂への渇き」『在家仏教』二〇一四年一二月号、六―九頁

坐禅入門　書き下ろし

テキストの読み方
原題「テキストの読み方」『共生学』四号、二〇一〇年七月、三―一九頁。「現代における聖書の読み方」と題して行った講演（桃山学院大学、二〇〇八年一〇月二四日、および北星学院大学。同年一一月一八日）の内容を基に、大幅に書き換え、再展開した。

禅から見る「十戒」　書き下ろし

禅キリスト教の地平へ
原題「現代神学生の課題」『福音と社会・農村伝道神学校紀要』三〇号、二〇一五年八月、五九―七〇頁

禅、海を渡る
原題「禅はヨーロッパでどう変わったか」、久保田浩編『文化接触の創造力』リトン、二〇一三年、七〇―一〇二頁

佐藤　研

1948年生まれ．専攻，新約聖書学．2014年以降，立教大学名誉教授．1982年，愛宮＝ラサール神父の指導の下，スイスで参禅開始．1985年以降，宗教法人「三宝禅（当時は三宝教団）」の耕雲軒山田老師，慈雲軒窪田老師，凌雲軒山田老師に参ずる．2009年以降，三宝禅準師家．著訳書：Q und Prophetie, Tübingen, 1988.『マルコによる福音書 マタイによる福音書』新約聖書Ⅰ，『ルカ文書』新約聖書Ⅱ（岩波書店，95），『悲劇と福音——原始キリスト教における悲劇的なるもの』（清水書院，2001），『聖書時代史 新約篇』（岩波現代文庫，2003），『イエスとはなにか』（共編著，春秋社，2005），『福音書共観表』（編訳、岩波書店，2005），『禅キリスト教の誕生』（岩波書店，2007），『はじまりのキリスト教』（岩波書店，2010），『イエスの父はいつ死んだか』（聖公会出版，2010），『旅のパウロ』（岩波書店，2012），『最後のイエス』（ぷねうま舎，2012）ほか．

坐禅入門　禅の出帆

2016年8月25日　第1刷発行

著　者　佐藤《さとう》　研《みがく》

発行者　中川和夫

発行所　株式会社ぷねうま舎
〒162-0805　東京都新宿区矢来町122　第二矢来ビル3F
電話 03-5228-5842　ファックス 03-5228-5843
http://www.pneumasha.com

印刷・製本　株式会社ディグ

ISBN 978-4-906791-60-6　Printed in Japan

宗教

最後のイエス
佐藤 研
四六判・二二八頁 本体二六〇〇円

この世界の成り立ちについて
——太古の文書を読む
月本昭男
四六判・二一〇頁 本体二三〇〇円

パレスチナ問題とキリスト教
村山盛忠
四六判・一九三頁 本体一九〇〇円

イスラームを知る四つの扉
竹下政孝
四六判・三一〇頁 本体二八〇〇円

3・11以後とキリスト教
荒井 献／本田哲郎／高橋哲哉
四六判・二三〇頁 本体一八〇〇円

3・11以後 この絶望の国で
——死者の語りの地平から
山形孝夫／西谷 修
四六判・二四〇頁 本体二五〇〇円

カール・バルト 破局のなかの希望
福嶋 揚
A5判・三七〇頁 本体六四〇〇円

たどたどしく声に出して読む歎異抄
伊藤比呂美
四六判・一六〇頁 本体一六〇〇円

『歎異抄』にきく 死・愛・信
武田定光
四六判・二六二頁 本体二四〇〇円

親鸞抄
武田定光
四六判・二三〇頁 本体二三〇〇円

禅仏教の哲学に向けて
井筒俊彦／野平宗弘訳
四六判・三八〇頁 本体三六〇〇円

ぽくぽくぽく・ち～ん 仏の知恵の薬箱
露の団姫
四六変型判・一七五頁 本体一四〇〇円

死で終わるいのちは無い
——死者と生者の交差点に立って
三橋尚伸
四六判・二一六頁　本体二〇〇〇円

ダライ・ラマ　共苦《ニンジェ》の思想
辻村優英
四六判・二六六頁　本体二八〇〇円

神の後に　全二冊
マーク・C・テイラー／須藤孝也訳
Ⅰ〈現代〉の宗教的起源　Ⅱ 第三の道
A5判・Ⅰ＝二二六頁　Ⅱ＝二三六頁
本体Ⅰ＝二六〇〇円　Ⅱ＝二八〇〇円

グノーシスと古代末期の精神　全二巻
ハンス・ヨナス／大貫　隆訳
第一部　神話論的グノーシス
第二部　神話論から神秘主義哲学へ
A5判・第一部＝五六六頁　第二部＝四九〇頁
本体第一部＝六八〇〇円　第二部＝六四〇〇円

民衆の神　キリスト
——実存論的神学完全版
野呂芳男
A5判・四〇〇頁　本体五六〇〇円

回心　イエスが見つけた泉へ
八木誠一
四六判・二四六頁　本体二七〇〇円

聖書物語

ヨレハ記　旧約聖書物語
小川国夫
四六判・六二四頁　本体五六〇〇円

イシュア記　新約聖書物語
小川国夫
四六判・五五四頁　本体五六〇〇円

ナツェラットの男
山浦玄嗣
四六判・三一二頁　本体二三〇〇円

哲　学

人でつむぐ思想史Ⅰ
ヘラクレイトスの仲間たち
坂口ふみ
四六判・二五〇頁　本体二五〇〇円

人でつむぐ思想史Ⅱ
ゴルギアスからキケロへ
坂口ふみ
四六判・二四四頁　本体二五〇〇円

哲学の密かな闘い
B6変型判・三八〇頁　本体二四〇〇円
永井　均

哲学の賑やかな呟き
B6変型判・三八〇頁　本体二四〇〇円
永井　均

九鬼周造と輪廻のメタフィジックス
四六判・二七〇頁　本体三二〇〇円
伊藤邦武

養生訓問答
——ほんとうの「すこやかさ」とは
四六判・二二〇頁　本体一八〇〇円
中岡成文

となりの認知症
四六判・二〇〇頁　本体一五〇〇円
西川　勝

アフター・フクシマ・クロニクル
四六判・二一〇頁　本体二〇〇〇円
西谷　修

破局のプリズム
——再生のヴィジョンのために
四六判・二六〇頁　本体二五〇〇円
西谷　修

超越のエチカ
——ハイデガー・世界戦争・レヴィナス
A5判・三五〇頁　本体六四〇〇円
横地徳広

マルブランシュ
——認識をめぐる争いと光の形而上学
A5判・七四五頁　本体八〇〇〇円
依田義右

西田幾多郎と宗教
A5判・三八〇頁　本体五六〇〇円
岡　廣二

文学

ラピス・ラズリ版　ギルガメシュ王の物語
司　修画／月本昭男訳
B6判・二八四頁　本体二八〇〇円

ト書集　富岡多惠子
四六判・二二〇頁　本体一八〇〇円

幽霊さん　司　修
四六判・二一〇頁　本体一八〇〇円

ラーゲルレーヴのおばあちゃん　文と絵　司　修
A5判・四二頁　本体一六〇〇円

おじぎをしたなつめやしの木　文と絵　司　修
A5判・四二頁　本体一六〇〇円

天女《アプサラ》たちの贈り物《マーヤー》　鈴木康夫
四六判・二九〇頁　本体一八〇〇円

声　千年先に届くほどに　姜　信子
四六判・二二〇頁　本体一八〇〇円

妄犬日記　姜　信子著／山福朱実絵
四六判・一八〇頁　本体二〇〇〇円

サクラと小さな丘の生きものがたり　鶴田　静著／松田　萌絵
四六判・一八四頁　本体一八〇〇円

評論

グロテスクな民主主義／文学の力
——ユゴー、サルトル、トクヴィル　西永良成
四六判・二四二頁　本体二六〇〇円

回想の1960年代　上村忠男
四六判・二六〇頁　本体二六〇〇円

《魔笛》の神話学
——われらの隣人、モーツァルト　坂口昌明
四六判・二四〇頁　本体二七〇〇円

ミケランジェロ周航　坂口昌明
四六判・二四〇頁　本体二八〇〇円

秘教的伝統とドイツ近代
——ヘルメル、オルフェウス、ピュタゴラスの文化史的変奏　坂本貴志
A5判・三四〇頁　本体四六〇〇円

自給自足という生き方の極意　小林和明
——農と脳のほんとう
四六判・二一〇頁　本体一八〇〇円

〝ふつう〟のサルが語るヒトの起源と進化　中川尚史
四六判・二一六頁　本体二三〇〇円

『甲陽軍鑑』の悲劇　浅野裕一／浅野史拡
——闇に葬られた信玄の兵書
四六判・二五六頁　本体二四〇〇円

評伝

折口信夫の青春　富岡多惠子／安藤礼二
四六判・二八〇頁　本体二七〇〇円

この女《ひと》を見よ　江刺昭子／安藤礼二
——本荘幽蘭と隠された近代日本
四六判・二三二頁　本体二三〇〇円

民俗

安寿　お岩木様一代記奇譚　坂口昌明
四六判・三二〇頁　本体二九〇〇円

津軽　いのちの唄　坂口昌明
四六判・二八〇頁　本体三一〇〇円

福祉

ちいろば園と歩んだ二五年　高見敏雄
——障がい者と「共に生きる」社会を目指して
四六判・二一〇頁　本体一八〇〇円

知的障害福祉政策にみる矛盾　角田慰子
——「日本型グループホーム」構想の成立過程と脱施設化
A5判・二三〇頁　本体三六〇〇円

ぷねうま舎
表示の本体価格に消費税が加算されます
二〇一六年八月現在